Idea man

Idea man

Idea
man

Idea man

頭のいい人は「質問」で差をつける

精準提問的關鍵技巧

溝通、談判與AI時代最強溝通術

日本溝通大師、暢銷寫作指導作家

樋口裕一 著

韓宛庭 譯

《精準提問的關鍵技巧》

目次

序章——聰明人懂得善用「提問」來獲利

第一章 導出有用資訊的提問方式

第二章 使交涉順利進展的提問方式

第三章 贏得信賴的提問方式

第四章 化危機為轉機的提問方式

第五章 引導別人行動的提問方式

序章

聰明人懂得善用「提問」來獲利

◎溝通專家活用的最強工具

在人生旅途中，我們無法避免與別人交談。每天的生活，從家人間的日常對話到工作上的溝通交易，一切都圍繞著「說話」。即便如此，仍有許多人在各種場合中，天天為了溝通而苦惱。例如以下情形：

- 總是看不透對方的想法，無法掌握對話主導權。
- 想要挖掘更多情報，卻無法加深話題就草草結束。
- 在一對一的會議或交涉中，常常被對方牽著鼻子走。
- 經常煩惱不知道該說什麼才好。
- 覺得每次見面說話，反而讓自己的形象和評價下滑。
- 想要鼓勵沮喪的人，卻總是弄巧成拙，適得其反。

許多人誤以為這些問題來自於自己「不擅長說話」，其實，他們都搞錯了。真正擅長溝通的人，靠的並不是能言善道，而是他們知道善用「某項技巧」。只要掌握了「這項技巧」，不僅能讓每天的對話變輕鬆，還能贏得別人的信賴，逐步累積「聰明人」的形象。以結果來說，無論是在家庭生活還是職場環境，都能助你一帆風順、無往不利。

對於那些對溝通感到苦惱的人來說，這項技巧宛如「救世主」，能夠帶來徹底的改變。這項技巧究竟是什麼呢？答案就是「提問力」！

◎你經常覺得「不好意思發問」嗎？

我們馬上來看看，提問有哪些好處吧。

首先，**問對問題，就能得到好答案**。當你需要取得某些資訊時，**擅長提問的人，往往能找到更精準的情報**。有價值的情報就像一條捷徑，可以幫助你一口氣拉開與競爭對手的距離。

其次，透過提問，**我們能更加了解彼此，進而掌握對方的需求**。在需要交涉和說服的場合，想要省去提問就建立一段成功的對話，幾乎不可能辦到。唯有透過有效提問，我們才能進一步掌握對方的想法和邏輯，藉此拉近彼此的距離，進而巧妙引導對方採取行動。

此外，在對話中優先提問，也能給予對方一個明確的思考方向，並且**自然地將話題帶到你想討論的主題上**。

還有更棒的附加好處是：從今以後，**你再也不必擔心聊天會冷場！**尷尬的沉默將不再是你的弱點，你可以反過來利用這些空檔，把它化為有意義的對話時光。

此處列舉的好處只是冰山一角。「提問」明明擁有這麼多可能性，但遺憾的是，很多人並不重視它，有些人甚至抱持「能不問則不問」的心態，刻意迴避發問的機會。

至今，我透過舉行小論文批改與作文指導相關的演講，接觸了形形色色的聽眾，裡面從孩童到長者都有。所以，我可以很真誠地告訴你：懂得積極運用「提問」這項便利工具的人，實在少之又少。我甚至敢說，覺得「不好意思發問」的人才是多數。

有些人擔心自己問了蠢問題，會被對方瞧不起：「你怎麼連這個都不知道？」為了避免自曝其短，乾脆一律不發問。也有人害怕話題越聊越深入，會被對方看穿自己是在不懂裝懂，於是乾脆選擇嬉鬧帶過。我並不認為這些擔憂是錯的，但我必須老實說，這麼做實在太可惜了。

因此，我想在本書開頭就先告訴你：**「懂得提問的人，絕對不會顯得愚笨。」**相反地，他們還會被認為是聰明又有想法的人，為自己贏得更多好感。

◎提問已成為時代焦點！

在接下來的時代，**能否精準提問，將成為決定人生與事業成功的關鍵！而現在，正是這場轉變的重要時刻。**

你一定知道，以ChatGPT為代表的生成式ＡＩ，已經成為當前的熱門話題，並迅速崛起為職場上不可或缺的重要工具。然而，想要從ChatGPT獲得有價值的資訊，需要給予「適切的提問」。如果，你只是給AI一個模糊的大方向，它也只能給你一個籠統的回答，難以立即解決問題或提供實質幫助。

想從龐大的生成式AI中汲取精確的資訊，必須具備提出具體問題的技巧，並且懂得如何按照適當的順序逐步提問。儘管與生成式AI聊天、進行腦力激盪，直到找出自己滿意的答案，確實是這類工具的一大優點，但如果你不懂得如何從多個角度反覆提問，就很難與AI建立有效的對話。

為了避免提問淪為表面的一問一答，我們應該如何發問？想要獲得更精準、更深入的答案，又應該從哪裡切入？我認為，現在正是一個更講求「提問方法」的時代。

此外，與真人對話時，提問不僅能幫助我們獲得有用的資訊，**善用提問建立良好的溝通和互動，也有助於強化人際關係。**如果你能適時拋出切中要害的問題，問到對方的心坎裡，就能瞬間拉近彼此的距離，讓對方卸下心防。相反地，如果這個問題不小心誤踩地雷，對方可能會提高戒心，甚至對你關上心門。

但是，請不要擔心，對話本來就是逐步校正彼此認知差異的一段過程。即使不小心引發對方的不悅，我們依然能透過提問來扭轉局勢。

如果發現自己的問題有些離題或表達不夠恰當，不妨換個角度重新提問。倘若需要調整措辭，我們也能大方地說：「不好意思，我重新問一次，可以嗎？」畢竟，問錯問題這種事在所難免，沒必要為此裹足不前。

提問確實有敏銳與不敏銳之分，但好壞的標準，人人心中各有一把尺。偶爾問出「蠢問題」不是什麼大不了的事，**這也是我們需要學習提問方法的原因，來減少失誤的狀況發生。**

比起偶爾問錯問題，我認為更糟糕的是害怕犯錯的羞恥感，或是心裡明明有疑問卻不敢問出來。

◎引導資訊的「深掘式提問」

我在某間大學擔任教授時，曾經參與入學面試的評審工作。無論是入學面試還是求職面試，面試官會問的問題通常都有一套固定的範本。例如：「你希望在大學學到什麼？」、「高中時你最投入哪一件事？」大多數考生都會努力背下事先準備好的答案。

但是，如果只停留在這樣的問答，我很難真正了解每位考生的特質和個性，有些學生甚至會緊張到腦袋一片空白，答不出話。

所以這時候，假如考生回答：「我參加過足球社。」我會接著問：「你認為足球這項運動最吸引你的地方是什麼？」、「你覺得自己守備的位置有趣在哪裡？」或是：「你喜歡哪支隊伍？」如此一來，就能**引導對方談論自己感興趣或擅長的話題**。多數情況下，學生聽到這類問題會瞬間放鬆，露出笑容，自然流暢地表達自己的想法。

沒錯，透過提問，我們能讓對方自信滿滿地暢談內心的想法。

表現欲是人類的本能之一。換句話說，每個人都喜歡談論自己的經歷，也一定有自己擅長的領域可以大聊特聊。在面試場合，即使學生試圖保持謹慎或乖巧的形象，也難掩內心渴望表現的慾望。身為面試官，只要能準確地戳中對方的興趣，就能瞬間打開話匣子，使對方侃侃而談。

這就像戳破一顆裝滿水的水球，瞬間濺出大量資訊。

當水球破裂的那一刻，**對方的思考邏輯、內心的糾結，甚至那些「不輕易與人分享的心事」都會一股腦地迸出來**。我們只需要稍稍撩動對方的表現欲，就能讓對方打開心防，暢快地道出內心話；同樣地，我們也能從這些話語中汲取關鍵資訊。**無論是談判、說服、討論、會議，甚至閒聊，只要善用提問技巧，就能在各種情境中掌控對話節奏，把溝通主導權掌握在自己手上！**

◎提問者就像負責場控的主持人

從綜藝節目中，我們也能學到不少提問技巧。如果你曾觀察那些厲害的主持人，就會發現他們往往不是焦點人物。他們做的事情是反覆提問，像是：「然後發生了什麼事呢？」、「當時到底是怎麼回事？」、「這是什麼時候發生的？」這類問題，巧妙地引導來賓說出自己的趣事。不僅如此，他們還能機智地接話，把普通的回應變成有趣的回答，藉此突顯來賓的魅力。

換句話說，**那些常被誤以為「口才好」的人，其實都是「提問高手」**。

在邀請諧星和藝人擔任主要來賓的節目中，主持人若是表現得太搶戲或自嗨，非但無法炒熱氣氛，甚至還有可能被剪掉。因此，一集節目的精采與否，完全取決於主持人能否成功把話題交棒給重要來賓。**而場控的最佳武器，就是提問！**

我們的日常對話也是類似的情況。有時遇到特別好聊的客戶，回過神來才發現已經和對方聊了好幾個小時，事後才驚覺「糟了！說太多真心話了！」或者「不知不覺就被話題牽著走了！」這正是**對方巧妙地站在主持人的立場**，引導了話題走向所產生的結果。

提問可以說是最高段的溝通技巧。即使面對長輩、初次見面的人，或是在多人場合中，只要運用得當，都能悄悄掌控對話走向，讓內容朝對自己有利的方向發展。

當然，大多數人都喜歡在輕鬆自在的氛圍中聊天。在愉快的氣氛下，**話題往往會越聊越多、越談越深入，對雙方來說，這是一段既愉快又有意義的時光**。

要成為掌控全場的高手，「提問」無疑是不可或缺的重要工具。

◎把提問化作口頭禪

假設你需要從客戶口中問出某些關鍵情報，這是一項重要任務，情急之下，你可能會接連發問：「方便請教一下嗎？」、「可以告訴我嗎？」然而，這種咄咄逼人的提問方式很可能適得其反。

又或者，在對方一時詞窮的情況下，你明知應該適時提出問題來化解尷尬，卻因為緊張而遲遲找不到合適的切入點。

這些情況是不是很熟悉？事實上，這都是常見的溝通困境。為了讓我們的提問聽起來更自然、更具親和力，平時在日常對話中，就應該有意識地培養「提問」的習慣。

本書將依照章節，**提供各種提問範例，幫助你在不同場合都能靈活應用。只要把「提問」變成口頭禪，就能養成提問的習慣。**如此一來，就能大幅提升溝通力，也能為自己全面加分。

序章的最後，先簡單介紹一下本書的架構與內容吧。

第一章「導出有用資訊的提問方式」

本章收錄了幫助你正確接收資訊，並確實掌握重點的基礎提問技巧。平日就把這些提問範例化作口頭禪，就能循序鍛鍊提問力。

第二章「使交涉順利進展的提問方式」

無論是在職場還是日常生活中，人與人之間的互動，幾乎都是由一連串的交涉與說服所組成。本章針對商務人士可能遇到的情境，提供一系列提問範例，幫助你在談判過程中化險為夷。

第三章「贏得信賴的提問方式」

想讓對方覺得「和你聊天很愉快」嗎？本章教你如何透過輕鬆自在的提問方式，打造雙贏的對話氛圍。同時，你也會學到把提問融入日常生活的諸多妙用。

第四章　「化危機為轉機的提問方式」

遇到對話卡關或冷場時，提問是打破僵局的最佳工具！面對說話冗長、缺乏重點的客戶時，提問也能幫助你快速扭轉局勢，化解尷尬。

第五章　「引導別人行動的提問方式」

想要激勵部屬和後輩、讓他們找回幹勁時，提問也能發揮強大的效用，不僅如此，還能幫助重要的人際關係變得更加圓融。本章精選多種能激發鬥志、促使別人行動的溝通祕訣。

請將本書介紹的提問範例，靈活運用到日常生活中。

但是，書中的內容僅是基礎範例，請根據不同的情境搭配使用，逐步鍛鍊提問力，打造出屬於自己的提問風格。

漸漸地，你將不再因為「不知道該說什麼」或「找不到話題」而感到焦慮，也不會對「提問是否合適」感到不好意思。相反地，你甚至會開始期待對話，思考

「從哪個問題切入比較好？」或「這個話題能問到什麼程度？」，把溝通視為一件快樂的事情。

當你讀完本書後，就會發現——「提問，是最簡單也最強大的對話術」！現在，就讓我們一起投入這場「提問遊戲」，相信有了「提問」這位「神隊友」，你的對話能力將會煥然一新，獲得前所未有的溝通體驗。

第一章

導出有用資訊的提問方式

1—1 提升資訊的精準度

「正確來說，是什麼意思呢？」

養成確認語意的好習慣。

適用情境

想從對方口中問出正確、有用的資訊時。

提問範例

「這個字，我會在這種時候使用，你呢？」（定義）

「現在發生了什麼狀況呢？」（現象）

「你預測未來會是什麼結果？」（結果）

▼用提問釐清定義、現象與結果

本章將透過具體情境，逐步介紹**任何人都能立刻應用到日常生活的「聰明提問」技巧**。

假設公司裡的一位資深前輩對年輕的小組長說：「領導組織最重要的是，把工作內容『可視化』。」

這句話看似沒什麼問題，小組長應該會順順地聽過去，並且採納前輩的建議吧？畢竟前輩沒有使用艱澀難懂的詞彙。

然而，問題可能就藏在這裡！「可視化」雖然是常見的商業用語，但具體來說，究竟是指哪些行為呢？

無論是在日常對話還是工作場合，**溝通的雙方常會因為語意沒有交代清楚，就自以為了解對方的意思**。不，我甚至敢說，這樣的情形可能占了絕大多數。

當兩人對某個詞語或概念的認知不同，卻無人察覺時，如果只是閒聊倒還沒關係，但若是工作上的重要討論，就可能釀成問題。

遇到這種情形時，我們可以試著這樣提問：

○提問：「正確來說，把工作內容『可視化』是什麼意思呢？」

○提問：「把工作內容『可視化』，指的是○○意思嗎？」

藉由提問，我們可從前輩口中**釐清「可視化」的「具體定義」**。

前輩可能會回答：「把工作內容『可視化』，是指在雲端上公開每個人正在執行的案子啊。」或者說：「不要未經同意，就私下偷偷進行某些案子。」答案或許跟你原本想的完全不同。

換句話說，如果我們輕忽了詞彙的定義，就無法準確掌握前輩真正的期望。這時候，只要再多問一句：**「正確來說是指什麼呢？」就能進一步挖掘前輩的想法、拓展自己的視野，同時釐清接下來該如何執行。**

▼先學會「3WHAT提問法」

提問的目的是取得所需的資訊。如果對方手中握有那份資料，我們就得進行反覆溝通，來慢慢了解對方的真實想法及觀點。

想要提升資訊的精準度，只需掌握一個重點，就是「三個WHAT」。

●「3WHAT提問法」

「定義」（這是指什麼？）

「現象」（發生了什麼事？）

「結果」（帶來什麼結果？）

其中最重要的，就是前面提到的**「定義」（這是指什麼？）**。簡單來說，我們必須釐清語意，才能精準掌握對方的想法。只是，如果直接問：「它的定義是什麼呢？」聽起來有點像在找碴，所以提問時必須多下一道工夫。

△提問：「那句話的定義是什麼？」

○提問：「我通常會在這些情況下使用○○這個說法，你呢？」

這樣一來，就能輕鬆確認語意，自然地說出：「和我想的不太一樣啊……」

▼在想不到問題時助你一臂之力

對於「當前的問題」或是「所面臨的狀況」，我們可以善用「3WHAT提問法」中的**「現象」**來開啟對話。以先前的例子為例：

○提問：「因為工作內容沒有『可視化』，現在引發了哪些問題呢？」

只要明確問出：「引發了哪些問題？」不僅能確認執行成效，還能挖掘出需要優先解決的問題。

最後介紹「３ＷＨＡＴ提問法」中的**「結果」**。透過這個提問，我們可以引導對方分享對未來的願景。

○提問：「如果能順利將工作內容『可視化』，今後可能帶來怎樣的結果呢？」

透過這樣的提問，對方的視野會瞬間被拉遠，雙方便能輕鬆討論未來的方向。

提問時，請從自己察覺的問題或感興趣的話題開始吧。如果一時想不到該問什麼，不妨**按照「３ＷＨＡＴ」的順序依次發問**，相信能在許多場合派上用場。

「○○是指什麼呢？」、**「現在發生了什麼狀況呢？」**、**「今後可能帶來怎樣的結果呢？」**將這些問題化為自己的口頭禪，在日常溝通中反覆運用，就能逐步強化提問力！

1—2 不遺漏重要資訊

「原因是什麼？在何時發生？」

用提問逐一解決對話中產生的疑問。

適用情境　想要更深入地探討主題，但是對方沒有說清楚時。

提問範例
「事件背後的原因是什麼呢？」（原因）
「在國外的情形呢？」（地點）
「以前也是這樣嗎？」（時間）
「有解決方案嗎？」（做法）

▼善用提問補足遺漏的資訊

在腦中整理資訊時，我們需要弄清楚事情的前因後果，才能在工作或日常生活中靈活運用這些知識。

然而，有時對方可能沒將事情的全貌交代清楚，或是偏重某個特定面向，甚至刻意迴避某些細節，導致聽者反而越聽越模糊。這時候，我們可以**運用「3W1H」來變換視角，消除內心的疑問。**

●「3W1H提問法」

3W的「WHY·理由」（原因？）

3W的「WHERE·地點」（何地？）

3W的「WHEN·過去」（何時？）

1H的「HOW·對策」（如何做？）

跟前面介紹過的「3WHAT」一樣，這些問題能**提升資訊的精準度**。我們可以先問「3WHAT」，接著再問「3W1H」；或是只問腦中疑惑的部分也行。我一樣用「工作內容可視化」來舉例：

○提問（WHY．理由）：「為什麼工作內容可視化很重要呢？」

○提問（WHERE．地點）：「前輩之前待過的部門怎麼樣呢？」

○提問（WHEN．過去）：「我們部門是從何時開始改用雲端來幫助工作內容可視化的？」

○提問（HOW．對策）：「為了更加落實工作內容可視化，我應該導入什麼新系統呢？」

▼針對主題仔細發問，贏得好評價

像這樣，從原因、地點、過去經驗和因應對策等角度切入提問，就能不遺漏細節地問出必要資訊。

假設你反對公司開發新產品，主張「應該就現有產品重新擬定行銷對策，持續推廣」，此時不妨試著這樣問：「為什麼需要在這個時期開發新產品？」、「業界其他公司的情況如何？」、「我們過去的產品開發成效如何？」、「在人力不足的情況下，如何分配資源來推動新產品開發？」透過有層次的提問方式，逐步引導主管分享自己的想法。

同時，我們能從問答中漸漸看出對方的思路，藉此找到對自己有利的反駁論點。此外，我們也能從不同角度，釐清對方真正在意的問題點，針對重點進行發問。

請將前面教的「3WHAT提問法」與這套「3W1H提問法」搭配使用，就能有效鍛鍊深度思考。**養成習慣，從這些角度切入分析，就能迅速發現遺漏的重要資訊。**

當對方提供的資訊不足或會議卡住時，**不要忘記搬出「3WHAT」與「3W1H」視角進行提問，釐清「重要細節」，別人就會對你刮目相看。**

1—3 釐清論點

「針對〇〇的□□，您有什麼看法？」

收起大方向，改問具體細節。

適用情境　想要了解對方的想法、不想空手而回時。

提問範例　「你認為〇〇的□□問題，主要原因是什麼？」
「這次會議延長了一小時，你認為原因是什麼？」

▼「你到底想問什麼？」是提問失敗的警訊

有些問題很容易回答，有些則不然。那些難以回答的問題，大多是因為問題的方向過於模糊、不夠具體所導致。

比方說，和朋友一起看完電影後，如果對方問你：「感覺如何？」這樣的問題雖然範圍較廣，但並不難回答，因為你們剛剛經歷了一場共同體驗，主題清晰具體。然而，如果同事在下班前突然問你：「今天怎麼樣？」你可能會一時語塞，心裡想著：「他是在問剛剛的簡報表現？還是想知道部長今天的心情？」這種情況很容易讓人對該如何回應感到困惑。

嚴格來說，問題本身並沒有好壞之分，但**如果讓對方產生疑問：「你到底想問什麼？」這樣的提問就很難稱得上成功**。

像「怎麼樣？」這類籠統的問法，適合用在希望對方自由發揮、自己無法預測答案，或想將會議主導權交出去的時候。不過，請記住，這種問法也會給聽者帶來心理負擔。當然，具體情況還是得視雙方的交情和當下的情況而定，但**如果你常習**

慣以一句「怎麼樣？」，就把問題丟給別人，可能會在無意間影響自己在對方心中的評價。

因此，你真正需要做的是：**提出具體清晰的問題。**

△提問：「你覺得這次的會議流程怎麼樣？」

○提問：「這次會議延長了一小時，你認為原因是什麼？」

△提問中使用的「會議流程」過於籠統，令人不知從何回答起。相比之下，○提問透過具體描述「延長了一小時」，為問題提供了明確的方向，讓聽者更容易回應。這樣的提問方式，能讓對方明白重點在哪，只需根據自己擁有的資訊與想法來回答就行了。

▼具體提問後的「怎麼樣？」能發揮特定功能

「怎麼樣？」這類問題，在某些情境下能發揮特殊功用。例如，先透過具體提問，將回答者的思考範圍鎖定在特定主題，再藉由後續的追問，**引導討論朝自己期望的方向發展**。以下是對話範例：

回答例：「我認為會議延長了一小時，是因為大家在會議上才第一次看到資料。」
○提問：「有可能。你知道我們以前規定要在開會的前一天早上交出資料嗎？」
回答例：「不知道，從什麼時候開始改掉的啊？」
○提問：「話說回來，你覺得這次的會議流程怎麼樣？」

因為對方的回答裡，已經丟出了具體的「資料」，我們便能由此切入，進一步用更具體的「交資料的時間」及「以前的情形」提問，引導話題走向核心。這時，只需運用前面教過的「3WHAT提問法」與「3W1H提問法」轉換視角，就不用擔心會詞窮。

最後，如同上述範例所示，**在進行一連串具體提問後，再拋出「怎麼樣？」這類開放性問題，就能發揮總結的作用**。

的確，在許多厲害的報導紀錄片中，節目最後常會總結式地詢問：「你認為什麼是專業？」這聽起來之所以很酷、具有說服力，是因為節目已經透過前面的內容，充分介紹受訪者的背景與經歷，為總結問題打下基礎。

但是，回到日常對話，「你覺得呢？」、「總結來說？」並不適合當作開場白，請在討論進行到一定程度後，再用來收尾吧。

「確實是○○沒錯，但是不是也能是□□呢？」

先贊同對方的觀點，再提出不同的想法。

適用情境

想溫和地反駁對方的觀點、透過合理事實來拓展彼此視野時。

提問範例

「我當然贊成，但應該也會有人反對吧？」

「原來如此，好主意。但我們應該從哪裡確保預算呢？」

▼聰明人的萬用提問句型

當我們不同意對方的意見或想提出反駁時，直接否定對方的觀點，如：「不是，你講錯了。」或「我不這麼認為。」只會讓溝通陷入僵局。即便對方的說法真的有誤，劈頭否定也是最笨拙的溝通方式。

相反地，我們可以在充分聆聽後，敏銳地指出疑點，這樣就能避開爭執，**用更聰明的提問法來表達不同觀點。**

×提問：「你真以為年輕員工會接受這個主意嗎？」

○提問：「你的主意確實很好。但是，我認為對年輕員工來說不容易做到，對吧？」

○提問先用了「確實」肯定對方的想法，接著才用「但是」提出自己的意見。

只要善用「確實～但是～」這個句型，就能打造聰明人的形象，一邊提出自己的主張，一邊進行理性對話。

▼每次提問，都是讓自己變聰明的機會

我長年擔任大學考試的小論文寫作指導。從這些經驗中，我可以肯定地告訴你，對那些「有想法卻寫不出論述文章」的考生來說，把他們拉上及格線的關鍵，正是運用「確實～但是～」這個句型。

不僅是小論文，商業書信或簡短的電子郵件也一樣。如果文章只是單方面陳述自己的觀點，通常說服力會大打折扣。**想讓文章具有說服力，就必須融入多元思考**。簡單來說，我們要先考慮其他立場的人會怎麼想，然後重新檢視自己的觀點是否有盲點。而展現多元視角的具體做法，正是活用「確實～但是～」。

這個句型同樣適用於對話，多多善用它，當你想反駁對方時，就能圓滑地提出質疑：

○提問：「確實是○○沒錯，但是不是也能是□□呢？」

只要抛出這樣的問題，對方自然會開始思考「但是」之後的觀點。這個過程同時也是訓練邏輯思考的機會，幫助我們釐清「自己反對的理由」以及「自己的主張是否有所遺漏」。透過這樣的提問，討論會變得更加深入，我們也能從對方的回應中獲得有用的資訊。

還有，這個句型最大的優勢是，先認同對方的觀點，再迅速地指出其中的漏洞。這能讓對方瞬間意識到：「竟然被戳中弱點了！」即便只是一場短暫的對話，也足以留下「這人頭腦很好」的印象。

「確實～但是～」句型可以應用在以下場合：

- **想委婉反駁主管的觀點、深入討論時。**
- **想鼓勵因成績不理想而沮喪的部屬或新人，一起研討對策時。**
- **想在不破壞對方心情的前提下，指出缺點或提出警告時。**

請多多將這個句型應用在日常溝通中吧！

● 1 — 5 解開對方的錯誤認知

「原本○○應該是□□才對吧？為什麼現狀不是呢？（所以我認為是△△）」

運用思考的「三階段剖析」，讓對方意識到目前的主張已偏離原先的預設目標。

適用情境

對方的發言缺乏依據或理論過於荒謬時。

提問範例

「○○的理想做法應該是□□才對吧？但照你剛剛的說法，不就變成××了嗎？（所以我贊成／反對）」

▼運用「三階段剖析」提問切入

人在下判斷時，會下意識地將現狀與理想狀態做比較。有了理想狀態作為標準，我們才能判斷現在的狀況是比較好還是比較差，並藉此表達自己的意見。換句話說，**每個人認為的「這個好」、「那個不好」，背後一定有某種判斷依據。**

然而，這些依據往往在日常對話中被草草帶過。

仔細觀察那些講話自信滿滿的人，你會發現他們的論點大多來自個人經驗，例如：「依我的經驗來看……」、「從我們公司的歷史來說……」、「我聽某個網紅講的……」這些依據其實不足以支撐嚴謹的討論，但當事人卻往往深信不疑，甚至因此陷入錯誤認知而不自覺。

當你必須和這種人討論工作上的重要議題時，與其直接否定，**不如透過回顧「原本的目標」來提問，巧妙引導對方進入你的討論框架。**

▼讓人回歸初心的提問方式

假設某家公司規定，所有專案只能以部門為單位進行活動，對於想要將活動辦得更具規模的人來說，這樣的規定實在非常綁手綁腳。面對這類總是堅持「這是公司的傳統」的死腦筋主管，我們該怎麼做才能爭取更多權限呢？

○提問：「公司原本應該是讓不同背景的人聚集在一起，藉此激發最大可能性的地方，不是嗎？現在卻只有固定成員能參加活動，這難道不會限制員工的潛力嗎？（所以，我希望能邀請部門外及其他業界人士共襄盛舉）」

這個句型的使用方式是，先用「原本」開場，**描述公司應該具備的理想樣貌**，接著提出與現狀對比的問句，最後**在括號部分附上自己的提案**。因為「原本」與「現狀」之間的落差無法被輕易忽視，對方自然會重新思考。即使不會馬上接受提案，至少能打破盲點，為之後的討論鋪路。

完整的提問步驟如下：

一、原本○○應該是□□才對吧？（↓引導對方回歸初衷）

二、為什麼現狀不是呢？（↓點出現狀與理想之間的差異）

三、所以我認為是△△。（↓附上自己的提案）

訣竅在於「原本」後面的內容要能引發共鳴，讓人忍不住說「ＹＥＳ」。例如：「程式設計教育原本的目的，不就是培養邏輯思考能力、創造力，以及解決問題的能力嗎？」、「所謂照護，本來應該是最基本的人際關懷，不是嗎？」透過這種方式強調「最初的理想」，再與現狀進行比較，用反問來獲得對方認同，進而說出自己的提案，就能有效加深討論。

同樣地，當對方的理由過於荒謬時，我們也能運用「三階段剖析」來進行修正。

1 — 6 幫忙抓重點，引導對話前進

「也就是說，是○○的意思，對嗎？」

先行釐清重點，為對方補足語意，展現超強理解力。

適用情境

已掌握資料，明白對方的想法和主張時。想要強調自己理解狀況時。

提問範例

「也就是說，您的首要考量是確保持續發展的可能性，對嗎？」

「也就是說，您希望我們調整管理方式，對嗎？」

▼用提問展現「我是這樣理解的」

有句成語叫「聞一知十」，用來形容思維敏捷、反應靈活的人。我認為，這類聰明伶俐的人，即使不刻意表現自己，**他們的機智也會從提問當中流露出來。**

由於工作性質，我接受過各式各樣的採訪。其中，最常被問到的主題就是「樋口式小論文的寫法」。不少記者在採訪前，已經先讀過我寫的書或研究過我舉辦的活動。因此，他們大多對「樋口式小論文」的撰寫方法有一定了解，並且會機靈地提出這類問題：

○提問：「也就是說，是〇〇的意思，對嗎？」

在我的寫作課中，建議大家把小論文分成「提出議題」、「表達看法」、「延伸討論」和「結論」四個部分來撰寫。特別是在「表達看法」的部分，我總是教導學生運用之前介紹過的「確實～但是～」句型，提升文章的說服力。厲害的記者在採訪時，會這樣問我：

〇提問：「在表達看法的部分，您提到可以用『確實～但是～』來表達反向意見。這是否是在提出反論的同時，仍然強調客觀性的寫法？」

每次聽到他們俐落地統整我的寫作重點，我都忍不住佩服：「哇，你很懂耶！」此外，他們在提問時，還幫我將可能需要解釋的內容整理成重點，使訪談節奏更加順暢、愉快。知道對方有仔細讀過相關內容，我也倍感安心。

▼一邊統整一邊提問，取得超越「一問一答」的成果

在職場上與人初次會面時，事先做足功課、了解對方的背景資料，是最基本的禮儀。由於手邊已經掌握相關資訊，對談時便能**一邊聆聽、一邊統整內容，適時用提問表達「我是這樣理解的」**。同樣地，即使事前沒有資料，在第一次聆聽對方分

享時，若能一邊聆聽，一邊理清脈絡，也更能留下聰明幹練的印象。

養成習慣，在對話中同步統整對方的重點，就能避免對談淪為制式化的「一問一答」，不僅如此，還有機會引出更多資訊。例如：

○提問：「也就是說，您的首要考量是確保持續發展的可能性，對嗎？」

○提問：「也就是說，您希望我們調整管理方式，對嗎？」

許多人誤以為理解力是天生的能力，但事實上，每個人都能透過學習來掌握這項技巧。只要善用提問，人人都能在關鍵時刻展現出聰穎的一面。

然而，如果在拋出問題後，對方的回答是：「哦……也有這種可能。」或是「這我倒是沒想過……」那就表示你可能沒有抓住重點。因此，使用這類句型時務必謹慎，切勿在缺乏信心的情況下，為了顧面子而勉強使用。

1—7 讓對方暢談英勇事蹟

「究竟是什麼樣的契機（讓您成功的）呢？」

針對過去經歷發問，讓對方滔滔不絕地分享自己的故事。

適用情境 需要深入了解對方的背景經歷，或希望對方多說一點時。

提問範例 「您是如何從逆境中成功翻身的呢？」

「這件事與您的起源故事有關，對嗎？」

▼用提問激發對方的「說話欲」

假設我們需要與工作上的重要人物會面，希望對方多分享自己的經歷，這時，我們難免會擔憂：能順利問到所需資訊嗎？對方願意暢所欲言嗎？萬一聊到一半冷場怎麼辦？這些顧慮很常見，但請記住——「人都愛談論自己的故事。」

與成功人士對談的關鍵，在於**如何激發對方的「說話欲」**。不過，越是邏輯縝密、講求效率的大人物，越不適合一味地奉承：「好厲害啊！」、「真了不起！」過度讚美反而會讓對方尷尬，不知如何接話。

一個能激發「說話欲」的好問題，往往能**使對方順勢暢談自己的英勇事蹟**。正如前面所提到的，提問者應該把自己當成節目主持人，巧妙地讓受訪者的「炫耀欲水球」膨脹、破裂——這樣訪談就算成功了！具體來說，可以這樣問：

○提問：「究竟是什麼樣的契機，讓您創造出這個前所未有的偉大事業呢？」

這邊的關鍵字是「契機」！只要在問題中加入這個字，多數人都會心領神會，理解這是一個可以盡情「話當年」的邀請。同時，這樣的提問也會讓受訪者對你產生好感，覺得你很重視他。

▼提問時加入「契機」，創造雙贏局面

聽見「契機」，能引導對方說出創業的背景和重要事件。如果你已事先做足功課，對對方有一定程度的了解，便可透過「契機」作為切入點，將零散的資訊串聯起來，整理成一個完整的故事。

這麼做不僅能幫助你獲得豐碩的成果，對方也會因為暢談經歷而產生滿足感，並且因為詳細交代事情的經過，進而產生安心感。這就是提問能夠促進溝通、創造雙贏的原因。

○提問：「您是如何從逆境中成功翻身的呢？」

○提問：「是因為遇見了某個人，成為轉捩點，才下定決心創業的嗎？」

○提問：「這件事與您的起源故事有關，對嗎？」

想從對方口中問出詳細經過，訣竅是以「過去」為焦點，丟出讓人忍不住想開啟往事的議題。這不僅適用於與成功人士或長輩的對談，在日常對話中一樣好用。**只要你丟出去的問題，能令對方感受到「我可以大聊自己的事蹟」，就有機會獲得超乎預期的收穫。**

請注意，養成良好的提問習慣，跟「打破沙鍋問到底」完全不同！無論丟出再多的問題，只要內容無法滿足對方的「說話欲」，對話就會淪為機械式的一問一答，你非但得不到想要的答案，過程中甚至有可能冷場、適得其反。

1 — 8 促使對方說明白

「……是什麼意思呢？」

透過提問靈活切換抽象與具體的語言，藉此釐清語意。

適用情境

想委婉表達「請說得具體一點」或「不要說得那麼抽象」時。

提問範例

「大環境不好……是什麼意思呢？」

「為了一支原子筆就要跑簽呈……是什麼意思呢？」

▼在抽象與具體之間靈活切換

現在想要知道任何事情，幾乎只要拿起手機就能立刻查到。很久以前，我也曾在開會時聽不懂「stakeholder」（利害關係人）、「launch」（發表會）等商業用語，之後私下查詢才安全過關。

如果沒有釐清語意，我將永遠無法理解會議的重點。同樣地，在日常對話中也經常發生類似情形：聽不懂對方說的話卻勉強裝懂、希望對方說清楚卻不好意思追問，最後聽得一知半解。

比方說，聽見同事喃喃自語：「最近大環境不好啊……」你雖然知道「大環境不好」的意思，卻不明白他究竟想要表達什麼。這時，可以試著這樣問：

對方：「最近大環境不好啊……」

〇提問：「大環境不好……是什麼意思呢？」

「大環境不好」是一個抽象的說法，針對這句話反問：「……是什麼意思呢？」**等於委婉地表達：「是什麼原因讓你這麼覺得？」或者「可以說得具體一點嗎？」**如此一來，就能引導對方回答：「我們公司連要一支原子筆都要填單申請，我以為一般公司都可以自由從庫存裡拿。」藉此描述自己感受到「大環境不好」的具體原因。

即使對方只是隨口抱怨，你也能透過這個提問，促使對方自然地說出自己的想法。相反地，如果對方描述得過於具體且瑣碎，我們同樣可以透過提問，讓他描述抽象的心情。

對方：「我竟然得為了一支原子筆跑簽呈！」

○提問：「為了一支原子筆就要跑簽呈……是什麼意思呢？」

對方：「連拿個文具都要填單申請，之後預算只會越砍越多，大環境越來越差了……」

針對具體而瑣碎的「為了一支原子筆跑簽呈」，我們只需詢問：「……是什麼意思呢？」就能**促使對方整理自己的心情，用抽象話語表達內心的感受**。

▼用提問幫對方按下思考開關

在溝通中，具體的事例固然重要，例如：「我做了〇〇，也做了□□。」但如果整段對話僅止於列出自己做過的事情，就會顯得像小學生的作文，無法真正理解對方內心的想法。因此，**察覺別人細瑣地描述具體事例時，我們可以適時丟出一句：「……是什麼意思呢？」幫助對方整理思緒，進一步回答：「我想表達的是〇〇意思。」將一段對話提升到抽象層次**。

反之，如果對方的表達過於抽象，例如：「工作最看重團隊合作」、「要用寬廣的視野看待商業競爭」，我們便能**透過提問，促使對方說出具體例子**。

像這樣，當一段對話在具體與抽象之間靈活切換，內容不僅變得更清晰立體，也能幫助對方梳理思路。當你一時無法理解對方的語意時，記得拋出以下問題：

「……是什麼意思呢？」幫助對方**按下思考開關**，從具體事例轉向抽象的表達，或從抽象概念切換到具體事例。你只需要簡單拋出一個問題，就能輕鬆釐清語意。

1—9 蒐集判斷資料

「缺點是什麼呢？」

運用提問，把對方沒說出口的缺點問出來。

適用情境　引導對方說出那些「不問就不會講」的事情。

提問範例　「如果遇到○○情況，可能會有哪些問題？」
「操作手續這麼簡單，會不會有安全上的疑慮？」

▼注意對方「沒說的事」

業務在推銷產品時，往往會拚命強調自家產品的優點，並且用各種厲害的行銷話術，讓人覺得這東西非買不可，現在不下手就虧大了。

我以前也有過類似經驗。當年買了一台很紅的騎馬型健身器材，廣告說能輕鬆改善運動不足的問題。怎知實際一用，我才發現坐太久會腰痛。因為購買當時，我完全忘記要問：「這項產品適合腰不好的人用嗎？」

人本來就不太會主動說對自己不利的事。無論是平常聊天還是工作上談事情，大家都習慣只講對自己有利的部分，心裡想著：「你沒問，我就不多說。」但問題來了，如果對方不願透露的，剛好就是你最想知道的關鍵資訊，該怎麼辦？

這時候，我們可以善用聰明的提問，把那些重要的事問出來，才不會被牽著鼻子走。**訣竅是——關注缺點。**

○提問：「聽起來很棒，可以順便問問它的缺點嗎？」

一項產品之所以吸引人，通常是強化了某些優勢，所以多少會有些缺點及取捨。比方說，標榜「超小巧、方便攜帶」的產品，可能會因為體積小，功能上有些妥協。這時候，我們可以這樣問：

○提問：「為了做到體積小，可能會有哪些缺點？」

用這種方式，就能讓對方講出那些刻意沒提及的缺陷。

▼重視缺點，才能做出最好的判斷

當你發現對方有些地方沒講清楚時，不妨直接問：**「關於這點，你怎麼看？」**

○提問：「操作手續這麼簡單，會不會有安全上的疑慮？」

如果他早已準備好應對缺點的說法，可能還會鬆一口氣，心想：「終於等到這個問題了！」如此一來，雙方的對話就會有好的進展。如果對方支支吾吾，答不出個所以然，很可能是根本沒考慮過這個問題。這時，你可以直接表達自己的疑慮，例如：產品說明書寫得不夠清楚，自己需要再考慮看看，或者希望對方能改善這些缺點等。

此外，人生中難免會遇到必須仔細研究自己不熟悉的領域的時候，甚至需要跟人開會討論。比方說：家裡需要裝修時，必須跟建築設計師確認細節；處理繼承問題時，要跟稅務士或會計師研究方案；開始投資時，得跟財務顧問好好討論計畫。

這些時候，我們**需要蒐集各種資料來判斷對錯，缺點也一定要列入考量，才能避免蒙受損失。**所以，我們首先要做的是**「仔細聆聽」，找出對方沒講出來的資訊，把缺少的那塊拼圖補上。**

1—10 表達疑慮

「嗯？」

透過簡短的提問，委婉表達質疑：「你的認知真的正確嗎？」

適用情境

希望對方再次確認資訊的正確度，或需要更詳細的調查時。

提問範例

「（確定）是嗎？」

「可以麻煩您再說明一遍嗎？」

「……。（不做回應）」

▼用簡短的反應表達疑慮

人們常會根據對方如何回應問題，來觀察他的機智與專業程度。如果他能正確回答問題，甚至進一步補充詳細資訊，就能贏得莫大的信賴。

然而，如果當我們認真詢問後，對方卻敷衍帶過、轉移話題，甚至不懂裝懂，這時候該如何應對？除了明顯的答非所問，有時我們對別人的說法感到模糊或不安時，也需要即時釐清疑點。

假設你請後輩調查競爭對手的新產品，卻只得到一句主觀的感想：「我覺得不錯啊。」這顯然不足以當成報告。這時，在我們準備循循善誘：「是怎樣的產品？」、「你覺得好在哪裡？」之前，不妨先丟出簡短的反應：

〇提問：「嗯？」

如果是和家人朋友的日常對話，則可以這樣回應：

○提問：「（確定）是嗎？」

透過這些簡短的反應，輕微地**表達反對意見**，就能使對方意識到你的質疑，並且重新檢視自己的回答。

即使對方的階級比你高，當你心中產生：**「他的認知真的正確嗎？」**或**「這些資訊是否經過確認呢？」**的疑慮時，仍應適時提出質疑，避免問題越滾越大。

▼用「嗯？」來軟性抗議

○提問：「嗯？可以麻煩您再說明一遍嗎？」

只要在疑問前加上「嗯？」，便能輕微表達反對立場，同時帶有「可能是我理解錯誤」的語感，巧妙軟化反駁的語氣。

善用這種語氣，我們便能在對話中適時表達質疑，而不必憋在心裡。即便當下還無法指出質疑的具體點，也能先用簡短的：「嗯？」和「（確定）是嗎？」給予回應，爭取思考時間，讓一段溝通變得更有意義。但要注意，這類語氣若是使用得太過頻繁，可能會引來別人反感。但是，我們仍然可以在內心說出「嗯？」，藉此停頓一兩秒來達到效果。

如果你完全不同意對方的言論，不妨這麼做：

○提問：「……。（不做回應）」

不要忘記，**不做回應也是一種回應！**畢竟，沒有人能忽視無聲的抗議。

第二章

使交涉順利進展的提問方式

2—1 化解初次會面的緊張

「您的名字怎麼唸呢？」

以最常見的問題開啟話題，鼓勵對方說話。

適用情境　在交換名片後，想要自然地開始對話時。

提問範例　「這個部門的名稱很特別，是最近新成立的嗎？」

「你們公司的門口總是掛著漂亮的畫作嗎？」

▼用提問留下深刻的第一印象

在人們的日常生活中，常常需要進行交涉。這不僅限於職場上，就連說服喜歡吃日式料理的朋友改吃中式晚餐，某種程度上也是一種交涉。

事實上，**任何需要交涉的場合，溝通往往需要藉由提問來開啟**。本章主要針對工作場合的交涉來舉例說明。

首先介紹初次會面時的提問策略。無論是誰，面對第一次見面的人，多少都會感到緊張，相信對方也一樣。但是，正因為彼此都處於緊張狀態，若你選擇被動等待對方開口，那就太可惜了。舉例來說，早在交換名片時，你就可以抓住機會主動提問：

○提問：「您的名字怎麼唸呢？」
○提問：「這個部門的名稱很特別，是最近新成立的嗎？」
○提問：「這個LOGO設計得真漂亮，是老闆的創意嗎？」

藉由觀察名片上的資訊提出問題，是最基本的商業禮儀。你不需要問太複雜的問題，重點在於**主動提問，引導對方開口**。這麼做不僅能釋放出「請您介紹自己」的訊息，還能順利展開談話，視情況甚至能掌控現場的氣氛。

你反而應該注意：不要一開始就急著進入正題！例如，在交換完名片後，第一句話就說：「這是我們公司的資料。」或是「針對您在Email中提到的問題，結論是……」這樣會錯失讓對方介紹自己的機會。

有些人可能認為，主動掌握對話主導權的人更能幹，但實際上，這類人只是缺乏提問的技巧。

▼聽對方聊自己，是最佳的溝通潤滑劑

在初次見面的情況下，要使一段溝通順利，需要一些熱身時間，而「提問」正是最理想的溝通潤滑劑。

假設你在外出拜訪客戶時，突然需要與一位非預定對象進行一對一的會面。比

方說，原本約好的課長臨時無法出席，派來的卻是初次見面的年輕下屬，類似的情形在職場上並不罕見。面對這種突發狀況，只要**事前準備好幾個暖場提問**，就能自然地展開對話，輕鬆化解尷尬。

對方：「我們部門臨時遇到了一些小狀況，A課長去處理了。我是他的代理人B，今天由我代替A完成預定的行程。」

○提問：「初次見面，我是○○。辛苦你們了！A課長回到總公司後，都是您跟在他身邊處理各項事務，對吧？」

此時，對方可能正感到不安，心裡想著：「會不會因為是我這個新人出來見客，他就不高興了？」即便這個人非常能幹，也難免擔心：「一定要把這次任務順利完成，不能搞砸。」**你丟出的第一個問題，可以緩和對方的不安和壓力**。如果你對他的背景有所了解，還可以拋出更具體的問題，例如：「你是不是有參加年初舉辦的○○公司創立紀念派對？」藉此消除初次見面的緊張感。

2—2 建立關係

「你不覺得派對上的打招呼時間太長了嗎？」

用提問對某些不足之處表達共鳴，能快速建立夥伴意識。

適用情境

在沒有熟人的派對上，想與人交換名片時。

參加業內其他公司的聯誼會，想和感興趣的對象攀談時。

提問範例

「會場離車站有點遠，你來的時候有沒有迷路？」

「這種小型派對感覺剛剛好，你不這麼覺得嗎？」

▼多觀察環境，自然找到攀談話題

對於不擅長社交的人來說，參加沒有熟人的派對或聯誼活動可能是一場噩夢。因為不知道該如何向陌生人開口，最後可能只敢待在角落，羨慕地看著那些勇敢採取行動的人。

的確，對某些人來說，要在一個充滿陌生人的地方主動建立關係，不是一件容易的事。但是，如果只是被動地等待別人來攀談，很可能錯失認識新人脈的機會。因此，不妨先把主動出擊的訣竅學起來吧！

你要做的第一步是**放輕鬆，把眼前能觀察到的事物化為談話的素材**。

○提問：「這支智慧型手錶的顏色是不是很少見？」

當然，你也可以把提問內容替換成其他觀察到的事物，例如西裝、衣服、包包，甚至鞋子等。即使你的開場話題看似有點突兀也無妨，提問後，記得補充說明：「其實，我最近在考慮買手錶，覺得這個顏色非常吸引人。」讓對方理解你提問的原因。或者，你也可以使用：「其實，我也有一支一樣的。」、「我最近才在網路上搜尋過類似的款式。」等其他句子來圓場，自然地展開話題。

▼對小缺點表達共鳴，開啟輕鬆閒聊模式

如果想更進一步拉近距離，可以嘗試以下稍微高階的技巧，用這些問題迅速消除隔閡：

○提問：「你不覺得派對上的打招呼時間太長了嗎？」
○提問：「會場離車站有點遠，你來的時候有沒有迷路？」

當不認識的兩人發現彼此擁有相似的興趣時，關係會迅速拉近，甚至感到意氣相投。「共通點」可以縮短人與人之間的距離，它不一定非得是正面內容，負面內

容也能發揮一樣的功用。像上述兩個提問例子，就是刻意點出小缺點，引導對方一起發牢騷：「真的，打招呼的時間長到可以玩好幾輪團康遊戲了。」、「我也是路痴，剛剛還問了兩次路。」

本來，人就只會在「自己人」面前安心地發牢騷。因此，互相傾訴負面感受，有助於增強夥伴意識。**即便是初次見面，透過簡單的問句，也能輕鬆打開話匣子，共同宣洩不滿**，讓對話自然延續下去。

當然，在提問之前，我們得先仔細觀察對方的身分，因為他也有可能是派對主辦方。請先觀察對方是否對長時間的寒暄感到厭倦，或者也像你一樣，在最後一刻才滑壘進場，再選擇適合的時機發問。

擅長社交的人總是看似有豐富的話題可以聊，沒有詞窮或怯場的煩惱。但是，原因沒那麼簡單。他們與一般人的差別在於，能夠適時適所、察言觀色地拋出話題。**只要養成眼觀四面、耳聽八方的習慣，你也會發現，提問其實意外地簡單。**

2—3 滿足對方自尊心

「聽說您收藏了三百張貝多芬第九號交響曲的CD？」

仔細調查對方的傑出事蹟，加以具體讚美，讓他感到自豪。

適用情境

可以提前調查會面對象時。繼任工作後首次與客戶見面時。

提問範例

「聽說您去年談下了五間公司的新合約？」

「我聽說○○領域的新事業是由□□您所帶領？」

▼擅長交涉的人會提前準備

有時，我們會遇到一種人——他們不僅能與任何交涉對象順暢對話，還能使對方心甘情願接受自己的要求，最後甚至成為夥伴。

舉例來說，過去我曾負責一場與古典音樂相關的採訪。身為古典樂愛好者，我寫過相關書籍，也擔任過日本世界音樂節的宣傳大使，因此時常接受媒體訪問。在一次採訪前，記者這樣問我：

○提問：「聽說您收藏了三百張貝多芬第九號交響曲的CD？」

聽到這個問題，**我不禁心想：「問得好！」並且開開心心地分享細節，甚至秀出珍藏的「機密話題」**。因為，貝多芬是我最敬愛的音樂家；更重要的是，我可以感受到對方是做好功課才來採訪。然而，如果問題改成這樣呢？

△提問：「聽說您喜歡貝多芬？」

△提問：「您寫過古典樂相關的書啊？」

面對這類問題，我也只能回答：「是啊。」這兩個提問與前述提問差在哪裡？差在提問裡有放入明確的數字「三百張」。當對方問得越具體，受訪者也會更容易分享種種細節。簡單來說，就是比較容易感到自豪，進而掉入提問者的問題框架。從提問方的角度來看，自己只需**加入一個具體條件，就能把受訪者帶入自己的提問框架，按照你預設的方向展開對話。**

▼先查好對方的成果表現，融入問題增進關係

我們需要引出對方引以為傲的事情，或是那些無論如何都想分享的話題，讓他們的「炫耀水球」膨脹、破裂，心裡想著：「總算等到這個問題了！」**為了讓第一個提問更精準、具有效果，我們必須先徹底調查這個人。**請注意，除了要了解目前

的工作內容和成果，還要掌握他們的出生背景、過往經歷，甚至是婚姻狀況、家庭成員、興趣等私人資訊。如果能找到共同點，就能以此作為切入點，提出具體的問題。

當你想巧妙地刺激對方的自尊心時，可以直接稱讚：「我聽○○部長說，您是公司的希望呢！」但如果改用提問的方式，效果通常會更好。

○提問：「聽說您去年談下了五間公司的新合約？」

接下來，只需輕輕補上一句：「哇，五間耶？」對方多半會謙虛回應：「沒有啦，只是剛好而已。」**雖然語氣謙虛，但他們絕對不會感到被冒犯**。此時，你就可以順勢在對方愉快的情緒下，慢慢將話題導向對自己有利的方向。

無論是取材、討論還是開會，只要對方願意分享資訊，這些場合都能成為你的交涉舞台。擅長交涉的人不論身處什麼場景，都能透過提問拉近距離，打造對自己有利的人際網。

2—4　步步釐清對方的主張

「你反對〇〇嗎？」

透過具體提問，釐清對方的立場。

適用情境

對方的說法曖昧不明時。看不出對方真正的意圖時。

提問範例

「所以，您認為這個企劃應該暫緩嗎？」

「關於執行〇〇，你是贊成還是反對？」

▼必須釐清：「為何而反？」

對不擅長讀寫的人，我通常會這樣指出問題。以新聞社論〈導入ＡＩ照護〉來舉例，文章內容為：「隨著ＡＩ技術的進步，這項科技正逐步導入照護現場，藉此減輕照護人員的負擔。」許多人會一邊點頭一邊讀完，卻沒有理解文章的核心觀點。如果文章未明確表達理念或立場，讀者就會一頭霧水，不知重點在哪裡。

社論常用來表達反對意見或主張，但若內容只是蜻蜓點水，無法讓讀者感受撰稿者的理念或立場，整篇文章就會變得不知所云。

事實上，對話也是如此，明確表達自己的想法，有助於提升溝通效率。**當你發現對方表達曖昧不清時，他可能有隱藏的反對理由，或者內心有所抗拒卻不願坦白。**

舉例來說，當你向公司提出：「我認為應該把經常遲到的年輕負責人換掉。」對方卻以模稜兩可的態度回應，讓人摸不著頭緒，這時應該避免使用以下提問方式：

╳提問：「不然你說，到底該怎麼辦？」

這種問法只會使對話陷入僵局，對方可能回應：「我也不知道啊……你說呢？」兩人就此掉入迷宮，無法前進。

△提問：「您的顧慮到底是什麼？」

這類提問可能有效，但若對方仍避而不答，溝通仍會卡住。如果你希望討論有所進展，就要在提問上多下工夫。

▼釐清正反意見，並重申自己的主張

面對不明確的對話時，你可以試著這樣提問：

○提問：「您反對換掉這位負責人嗎？」

假設對方正在猶豫，究竟該換掉年輕負責人以示懲戒，還是讓他寫反省文改過自新？透過直截了當的提問：「您反對換掉這位負責人嗎？」對方便不得不表明立場。即使只是模糊回應：「嗯，算是吧……」這也已經表達了反對的態度。

當然，並非所有議題都能簡單區分為「正」或「反」，特別是在日本文化中，人們往往傾向避免清楚表達意見，導致對話經常陷入模糊的狀態。因此，**當你希望問出對方的真實想法時，請提出能夠「明確區分正反立場」的問題，才能為討論奠定基礎。**

假設對方回應：「我覺得提交反省文就好……」而你的立場是：「應該換掉負責人。」此時，你可以根據對方的回應，進一步強調自己的觀點，例如：「既然這樣，您認為我們該怎麼向多次抱怨的〇〇公司交代？」

提問的時候，只要把對方「究竟為何而反」的理由挖掘出來，無論是一對一的對話還是多人參與的會議，我們都能步步釐清對方的真實想法。

2—5 讓別人更容易發表意見

「從您的立場來看呢？」

試圖說服他人時，更應該傾聽對方的意見，找出雙方的共識。

適用情境

避免陷入對方只能回答「就是說啊」的狀態。

提問範例

「如果換作是您，會如何應對○○呢？」

「貴公司高層持反對意見，但我希望聽聽身為現場負責人的您，對此有什麼看法？」

▼透過提問，確保對方有發言的空間

在討論中，經常是「聲音大」的人占上風。這裡的「聲音大」不單指音量大，也包括發言次數或力壓全場的能力。許多參與者可能在心裡暗想：「又是他一人唱獨角戲。」最後乾脆放棄發表意見，默默地想：「讓他去說吧。」而這些「聲音大」的人往往毫無自覺，還可能以為自己能撐起全場，並因此感到自豪呢。

類似情況不僅限於職場，在家人或朋友間的對話中也經常出現。例如，當話題涉及某人的專業領域時，他可能音量突然提高八度，滔滔不絕地講解，使其他人不勝其擾。或者，原本大家只想輕鬆地看新聞，結果某位懂政治學的人開始長篇大論，表面看似知識淵博，實際上卻讓聽者一頭霧水。最令人困擾的是，發話者完全忽略了其他人的反應！

這種溝通方式常以：「你也這麼認為吧？」、「沒錯吧？」作結，看起來像互動，實則是單向對話。當別人只能被迫聽而無法發表意見時，壓力會逐漸累積，最後甚至連同意你的意見都變得不想贊同了。

「引導對話進行」和「實際討論後交涉成功」是兩件截然不同的事情。那些常常在需要說服他人時失敗的人，往往是因為不自覺地讓別人感到不適。事實上，你只要多問一句話，就可以避免失誤。

方法很簡單，每當你發表完自己的看法，記得多問一句表達關心：

○提問：「從您的立場來看呢？」

簡單一句話，就能讓溝通更加順暢！

▼鼓勵對方說出反向意見，往往更具說服力

每個人都會基於自身的立場與身處的環境來看待事物，因此自然會有不同的想法。然而，當你過於堅持自己的意見並視其為「正論」時，溝通便容易出現隔閡！此時，越是試圖以條理清晰的方式來說服別人，越有可能無意中剝奪對方的發言機會。

要在對話中達成共識，必須給予對方充分的空間，讓他們能夠安心提出反向意見。**建立共識的過程中，絕對少不了提問的環節**。

藉由詢問：「從您的立場來看呢？」可以引導別人從自身角度或專業視角來分享個人意見。唯有當你主動提問，對方才更有機會表達自己的觀點，而不是被迫充當聽眾。

○提問：「我贊成這次的稅制改革，從您身為自營業者的角度來看呢？」

○提問：「貴公司高層持反對意見，但我希望聽聽身為現場負責人的您，對此有什麼看法？」

這種提問方式，在討論專業議題或求助於專家時也非常管用。例如，對醫療方針感到迷惑時，可以這樣問：「如果是醫師您的話，會選擇這個治療方案嗎？」同樣地，若向熟悉數位產品的專家請教，可以這樣問：「如果換作是您，會選擇哪款APP呢？」藉此**從專家口中問出關鍵情報**。

2—6 試探真心話的比例

「您最重視的其實不是企業法規，對吧？」

用提問動搖人心，探究真心話與客套話之間的比例。

適用情境　對方隱藏實情或不願吐露真心話時。

提問範例　「傳統慣例真的非遵守不可嗎？」

「我很好奇，您真的認為這樣做可行嗎？」

▼先表明自身立場，再提出質疑

身在職場，我們難免會遇到這種情況：對主管的提案明明不認同，但懶得表達意見，便假裝附和；又或者，發現計畫中存在重大問題，但因為其他人沒提起，自己也選擇沉默。如果此時有同事這樣問你：

○提問：「我對主管的提案有些疑惑，你真的覺得可行嗎？」

你聽了之後，可能就會不小心說出真心話：「老實說，我也覺得這想法很糟。」**當我們希望進行真心交流，而對方仍不願卸下防備時**，可以透過提問「動搖人心」，促使對方說出真話。

人們對某件事的贊成或反對，通常是有程度之分的。例如，對主管的提案雖然心有不滿，但若願意重新考慮安排人力，反對的情緒可能減少百分之三十；若能追加預算，是否又能再減少百分之五十；又或者無論如何都無法接受。**想要深入探測**

對方的真實想法，我們要用提問來給予當頭棒喝。舉例來說，對現代的許多商務人士來說，雖然都認同應該遵守企業法規，但實際上可能只是做做表面功夫，內心覺得：「這些規範看看就好。」在提交企劃案時，也可能抱著僥倖心理，心想：「這個程度應該可以過關吧。」當你看不下去時，可以嘗試這樣問：

○提問：「您最重視的其實不是企業法規，對吧？」

這類提問在表達自身立場的同時，也在嚴肅地反問對方。對方可能會回應：「應該遵守，但不是最優先事項。」、「要看情況而定。」、「至少要符合業內的基本標準。」等。這些回應能幫助你更清楚了解對方的真實態度，並進一步促進討論。

▼用提問「動搖人心」，將真心話可視化

這種提問句型不僅能動搖對方的想法，還能釐清對方真正看重的事物。當你想

挑戰一個非常堅守傳統，甚至固執不變的人時，可以嘗試這樣提問：

○提問：「我明白傳統很重要，但真的完全無法改變嗎？」

這類提問的高明之處在於：**先認同對方的理念，後加入反問**。接下來，**可以進一步具體提問**，例如：「如果只限定○○部門呢？」、「哪個部分可以調整？」、「如果是期間限定呢？」就能有效動搖對方根深蒂固的想法。

想要成功動搖對方的立場，關鍵在於「先表達認同，後提出問題」。這種做法能降低對方的防禦心理，讓人更願意回答問題。有了良性互動，你也能掌握對方的真實想法，並測量出他在意的程度。

此外，比起在多人場合中使用，這種提問方式更適合一對一的溝通。在單獨對話中，人們才能更自在地表達內心真實的想法。

2—7 讓對方說YES

「……如果按照您的意思，會發生這些事喔？」

與其強迫對方答應，不如施加一點壓力。

適用情境

說服過程不順利時，在不引起對方反感的前提下獲得贊同。

提問範例

「您知道B公司的新產品很暢銷吧？我們再不改變策略，真的可以嗎？」

▼就算口才不好，也能用提問順利說服

當對方不願意接受你的提案或條件時，**直接強迫對方說「YES」往往適得其反。**

╳提問：「過去，我曾在企劃部推出採用永續包裝的A產品，並取得了亮眼的銷售成績。基於那次經驗，我認為這次的新產品也應該採用永續包裝，您能答應嗎？」

新部門主管：「可是，我們沒有預算改成永續包裝……」

╳提問：「拜託通融！我有信心會成功！您就答應好嗎？」

這種說服方式容易使人覺得你態度傲慢、自以為是。即便你認為自己的經驗和成果能打動人心，但直接提出要求往往顯得不成熟，甚至帶有瞧不起人的味道。更好的方式是這樣：

○提問：「這次的新產品，其他廠商都已經開始強調環保議題，如果我們取消永續包裝，是否等於在開倒車？這樣的決策，等於是將市場機會拱手讓給競爭對手喔？」

這個句型不但能清楚表達自己主張的原因，更不忘提醒對方「你的做法是在開倒車」、「把市場機會拱手讓人」以及「帶來的後果」。**用客觀的根據來強調對方的要求有多麼不明智。**

想要讓人說「YES」，要做的不是強迫別人接受，而是巧妙施壓。

▼用提問逐步丟出立論依據

別忘了，「施壓法」的**目的是善意提醒：「你的做法其實不划算。」**而非用氣勢駁倒別人。即使對方無法立刻改變立場，只要你能再拋出一、兩個客觀依據，戰術就會逐漸奏效。因為對方會越聽越害怕。

〇提問：「您知道我們的競爭對手B公司，這次也開始採用可回收的永續包裝了嗎？」

〇提問：「還記得之前在座談會上，我們老闆因為不了解『道德消費』（註）的意思而鬧笑話嗎？」

在提問之前，先篩選出幾個能支持主張的重要依據，並在最後拋出最有說服力的一條。這就像劍道比賽中的團體戰，從先鋒、次鋒、中堅、副將到大將，依照實力分配出場順序，最終由隊伍中的「大黑柱」登場，發揮最強的攻擊力。

運用這個方法，即使你不是一個強勢的人，也能輕鬆掌握交涉技巧。簡單來說，只要在交涉前做好準備，接下來只需適當提問，就能順利讓人說「YES」。

註：Ethical consumerism，指消費者選購符合道德與良知標準的商品。

2—8 引導對方接納自己的見解

「這件事至關重要（自己的見解），您不這麼認為嗎？」

拋出前提再提問，引導對方接受你的觀點。

適用情境 想要改變對方的想法、拉攏對方接納自己的主張，以掌握主導權時。

提問範例 「這是非常重要的案子……」

「唯有這件事，我可以肯定地說……」

▼引導別人卸下戒備，減少抵抗

有時就算我們想勸諫主管，也會害怕一開口就得罪對方。但是，**透過引導式提問，不僅能有效降低得罪人的風險**，甚至能得到超越預期的正面回應。

設想一個情境：公司內部新人頻頻離職，每年都有更多資歷未滿三年的年輕人離開，甚至連年輕有為的未來之星也紛紛跳槽。一位負責評估現況的中年經理希望勸說一向堅守傳統的高層，針對人才流失的問題制定對策。此時，他可以這樣提問：

○提問：「這件事至關重要，連年輕新星○○都跳槽到新創企業了，我認為本公司的理念已經難以吸引年輕的雙薪世代。您不覺得當務之急是防止新血流失嗎？」

如果只問：「您不覺得當務之急是防止新血流失嗎？」很可能被輕描淡寫地

回應：「真是搞不懂現在的年輕人。」最後甚至被一句經典的精神論打發：「到頭來，只有真正具有韌性的人才能留下來！」

因此，我們必須先讓對方意識到問題的嚴重性。先拋出「這件事至關重要」吸引聽者的注意，再逐步闡述主張，引導對方深入思考並逐漸產生共鳴，最後再以反問句收尾：「您不這麼覺得嗎？」如此一來，對方將難以一口否認。

▼能贊同前提，就能靠提問輕鬆說服

這種提問技巧的關鍵在於句子中的「～我認為您這麼覺得」要分析銳利，說到對方的心坎上。由於前面已提到「這件事至關重要」，因此接下來可以順勢說出一些更尖銳的意見，例如：「比起強調傳統精神論，我認為公司更需要的是公開透明的風氣。」、「我認為世代隔閡已經嚴重影響了溝通效率和全公司的生產力。」

這類話語越是切中問題核心，越能提升說服力，因為這同時也展現了你對問題的正視與專業態度。

事實上，在提問中設定前提，是業務說服技巧中常見的一種手法。舉例來說，針對猶豫是否購買新車的客戶，業務可能會說：「您打算何時交車呢？這款車型的這個顏色目前需求很高，庫存也很充足喔。」這裡的「您打算何時交車」暗示對方已經決定購買，從而影響客戶的決策方向，使其更容易接受建議。

〇提問：「這件事其實很好辦……」
〇提問：「對您來說，這一定非常簡單……」
〇提問：「您之後一定會懂……」

像這樣，**在提問前加入前置假設，就能順利引導對方聆聽你的建議。**

2—9 主導對話的進程

「我應該針對哪個點回答呢？」

主動提出選項進行反問，讓自己更容易回答。

適用情境　當你需要回答問題，或想掌控對話方向，同時展現自身能力時。

提問範例　「我應該說個大概嗎？還是要逐一詳細介紹呢？」

「您希望我從年輕族群的角度回答？還是針對一般大眾來說明呢？」

▼用「反問法」縮短對話時間

在對話中，我們有時會收到一些模糊、不好回答的問題，這種問題可能沒有明確的方向，甚至令人摸不著頭緒。

這時候，**只要「反問回去」，將問題重新聚焦就行了！**首先，我們必須讓對方明白「你的問題太過模糊」。但是，如果說：「我聽不懂你的問題，麻煩再問一次。」似乎又過於直接，可能因此得罪人。取而代之，你可以這樣問：

○提問：「我應該針對哪個點回答呢？」

這種方式不僅能讓對方意識到自己的問題表達不夠清晰，還能避免讓他感到不舒服。舉例來說，在轉職面試時，假如面試官提出：「可以說明一下你的經歷嗎？」這種範圍過大的問題，你可以這樣回應，同時展現積極態度：

面試官：「可以說明一下你的經歷嗎？」

○提問：「請問您希望我著重在哪個部分呢？」

當然，如果你的經歷並不十分出色，這種方法的效果可能有限。但即便如此，相較於直接按照時間順序來回答，這個策略依然能留下更好的印象。

▼用提問設定對方的思考框架

當你使用「我應該針對哪個點回答呢？」這類提問時，不僅是在提醒對方有權決定問題的方向，更是讓自己有機會主導對話。反過來說，你也可以透過「反問選項」來幫助對方聚焦、重新設定思考框架。

客戶：「可以介紹一下貴公司的新專案嗎？」

○提問：「您希望我介紹新專案的發想契機呢？還是未來展望？」

利用反問、主動設置選項，就能搶下「先攻的機會」，藉此掌握對話的主導權。以下是更多例句：

○提問：「我應該說個大概嗎？還是要逐一詳細介紹呢？」

○提問：「我應該以員工身分回答嗎？還是以個人身分回答呢？」

○提問：「您希望我從正面還是反面開始分析呢？」

這種「反問法」在時間緊迫的場合也非常好用，能有效縮短時間。

○提問：「回答可以稍微詳細一些嗎？還是需要簡短扼要呢？」

只要善用這類提問，就能按照自己的節奏來回答。

2—10 讓對方能夠輕鬆回答

「○、□、△哪個比較好呢？」

準備好「三選一」選項，讓提問更具體。

適用情境

當你不想直接問：「你想怎麼做？」隨便把煩惱丟給別人時。

提問範例

「日本料理、義大利料理、泰國料理，你想吃哪一個？」

「寫作業、準備明天的東西、幫忙做家事，你想先做哪一個？」

▼對提問者的好感度增加的機會

想要邀人出去時，如果只問：「這週要不要找個地方喝兩杯？」往往容易被人拒絕，原因在於問法不夠明確。但若改為：「這週四或週五，要不要找個地方喝兩杯？」別人就能從兩個日期中挑選，接受的可能性也會大幅提升。這是因為，**有選項的提問，比較難讓人直接說「不」**。

雖然「二選一」的提問方法不錯，但我更推薦「三選一」。設想你與朋友約吃飯，還沒決定要吃什麼的情況：

×提問：「要去哪裡吃？」

○提問：「日本料理、義大利料理、泰國料理，你想吃哪一個？」

拋出選項相當於表達自己的提案。換句話說，這是在引導話題，而不是丟出一個模糊的問題，例如：「要去哪裡吃？」或「你想做什麼？」提供具體選項，等於展現了自己的想法，能夠促進對話進展。

三個選項的優勢在於，它比「二選一」更靈活，對於選擇方來說負擔也較小。如果對方回答：「日式料理吧？」你只需要順勢回應：「好啊，我也想吃。」這樣往來的對話方式，能令對方感覺自己的意見被肯定，從而增強彼此的共鳴。

而選項若是多達四、五個，不僅難以做出區別，還會讓人感到過於繁瑣。三個選項數量剛剛好，對於思考和回答雙方都十分友善。需要注意的是，選項中不要包含自己不喜歡或難以接受的事物，因為要是對方選了你無法應對的那一個，雙方都會弄得不愉快。換位思考一下，當自己面對這三個選項時，會不會感到困惑或懷疑？藉此快速自我警惕。

▼在商場上，「三選一」同樣有效

「三選一」的提問方式不僅在日常生活中適用，對商務人士也非常有幫助。試著套用到不同情境，比方說，分派工作時，可以透過三選一的方式，把任務內容

「具體化」，讓同事更清楚自己的角色。

○提問：「準備社內簡報、管理全體進度、擔任對外窗口，你想負責哪一項？」

這種提問方式不僅能讓人快速做選擇，還能在選項中稍微加入具有挑戰性的任務，藉此激勵組員更積極地接受挑戰。

「三選一」的技巧同樣適用於與家人互動或教養孩子。以讀小學的孩子來舉例，與其直接命令，不如提供具體選項，例如：

○提問：「寫作業、準備明天的東西、幫忙做家事，你想先做哪一個？」

在這種情況下，無論孩子選擇哪一個，對父母來說都大有幫助。比起大吼大叫：「快去做事！」理智地提出選項往往更有效率。

第三章

贏得信賴的提問方式

3—1 緩和氣氛

「昨天下了暴雨，你們那邊還好嗎？」

用容易回答的問題來破冰。

適用情境

與久未見面的客戶碰面，或在開始閒聊前，用一句話來緩和氣氛。

提問範例

「你剪頭髮了？」

「最近旅行時，有沒有遇到什麼有趣的事？」

「你喜歡吃○○嗎？」（在餐廳用餐時）

▼以對方為主角的簡單提問迅速有效

擅長提問的人，不僅給人「精明幹練」、「不容小覷」的印象，同時也讓人覺得「和他聊天很愉快」、「想和他多分享事情」。當一個「好聊的人」，不但能增進人際關係，還能提升自身風評，進而贏得他人的信賴。本章教你如何運用這些實用提問技巧。

回想一下，在入學考或求職面試時，考官經常丟出簡單的問題來破冰，例如：「你今天怎麼過來的？」、「吃早餐了嗎？」因為這些問題簡單易答，別人可以輕鬆回應，甚至能用「是／不是」來回答。

對考官來說，主動提問幫助受試者放輕鬆是一項必備技能。成功的關鍵是：**這個問題必須能讓對方輕鬆聊自己。**

日本老牌主持人塔摩利，經常在綜藝節目中以一句：「你剪頭髮了？」來開場。仔細想想，這其實是個高明的問題。在現代社會，談論外貌是敏感話題，就連一句：「你是不是瘦了？」都有可能引人反感，被視為以貌取人。不過，「你剪頭髮了？」

純粹是事實描述，同時也替別人創造了談論自己的機會。站在對方的角度，會因為自己的變化被注意到而開心，並且覺得自己獲得了話語權，自然會更樂於分享。

▼常見問題令人感到輕鬆自在

在面試或重要會議場合，雖然不適合直接問：「你剪頭髮了嗎？」**但只要記住「方便對方聊自己」**的大原則，**就能自然丟出好問題**。即便是在工作場合，與久未見面的夥伴碰面，**一樣可以用輕鬆自然的對話來開場：**

○提問：「昨天下了暴雨，你們那邊還好嗎？」
○提問：「連假快到了，你有返鄉計畫嗎？」
○提問：「最近旅行時，有沒有遇到什麼有趣的事？」

提問的訣竅是：**務必把對方當主角**，加入一點具體細節，讓人更容易回答。

我曾聽一位擅長溝通的企業人資主管，用了一個厲害的方法，在短時間內消除新進員工的緊張。那個方法就是：請五、六十名新進員工四人分成一組，在紙上寫下「喜歡／討厭的食物」，然後彼此分享。

如果有人寫下一樣的答案，話題就會迅速聊開；如果答案教人意外，也會引發熱烈討論，像是：「為什麼會喜歡（或討厭）這個食物啊？」、「這道菜的哪個部分吸引你？」、「從什麼時候開始喜歡（或討厭）的？」藉此促進交流。

如果手中握有具體資訊，就能當作下一個提問材料；此外，也能善用眼前的景物靈活應對。面對商務餐敘，我們一樣可以抛出下列問題來調節氣氛：

○提問：「你吃炸雞時，會擠檸檬汁嗎？」

○提問：「你會把旁邊的香芹一起吃掉嗎？」

像這類關於飲食習慣的問題，往往能讓人不自覺地大聊自身喜好，是很有效的破冰招數。

3—2 融入小圈圈

「你們都是〇〇會的成員嗎？」

用提問讓對方意識到自己是外部人士，藉此降低戒心。

適用情境

在派對或餐會上，不確定對方適不適合攀談時；或是自己位在「小圈圈外」，無法融入對話時。

提問範例

「你們會定期聚會嗎？」

「你是活動主辦方的朋友嗎？」

「你們剛才提到的〇〇鎮的□□是指誰？」

▼提問能減輕無法融入話題的壓力

生活在集體社會，人總會遇到必須打入陌生團體的時候。以我自己為例，就是第一次參加大學同好會，以及受邀出席朋友的頒獎典禮的時候。放眼望去，現場不但沒有認識的人，那些陌生人還像老朋友一樣圍成一圈自在談笑，讓人產生距離感，覺得不便打擾。

有時，現場還包含了知名人士，只有自己不認識，使情況更加尷尬。看見大家聊得熱絡，只有自己插不上話，感覺就像「被小圈圈排擠了」，教人如坐針氈。遇到這種情形，**適合用來攀談的第一句話就是坦承自己是「外部人士」，以此建立友誼**。

○提問：「你們都是○○會的成員嗎？」

這個問題不僅提醒大家「我是外人」，在多數場合還能讓人降低戒心。這就好比有人敲門時，人們第一時間會豎起警覺；但是看見來者是誰後，緊張感就會消除。即便對方不認識你，也會樂意接納你加入圈子。

能順利打入小圈圈的人大致可分成兩種：一種是個性開朗、笑口常開，無論去到哪，都能輕鬆與人打成一片，甚至變成話題中心的人；另一種則是**懂得善用提問來融入話題，使人卸下防備的人**。前者雖然難能可貴，但有時太具侵略性，會喧賓奪主。客觀來說，後者更適合所有人學習效法。

○提問：「你們會定期聚會嗎？」

○提問：「有人每次都來幫忙活動嗎？」

同樣地，發問內容越具體，收到的效果越好。

▼用樸實的問題悄悄打入對話圈

說起「身為外人的不自在」，去配偶家作客便是最典型的例子。看著配偶與親戚熱絡聊著誰換了工作、誰小時候如何、誰如今離婚了……自己只覺得難以融入話題，被迫默默旁聽，壓力也隨之攀升。

對熟悉彼此的家族來說，這些話題只是飯後閒聊，所以不會特別意識到有人因為無法融入而痛苦。想要改善這種情況，與其被動地坐在一旁，**不如主動表達：「我雖然是外人，但是也想參與話題。」**並且大方發問：

○提問：「你們剛才提到的○○鎮的□□是指誰？」

○提問：「那位兒時玩伴是怎樣的人？」

○提問：「你們常去的『永旺百貨』在哪裡？」

面對自己不熟悉的小圈子，刻意裝熟反而容易招致反感。**但是，如果能連續提出幾個簡單樸實的問題，不僅不會扣分，還能悄悄拉近距離。**

3—3 與老友重逢，重新拉近距離

「你喜歡〇〇對吧？我發現了一款不錯的新品。」

用具體提問表示自己還記得上次談話的內容。

適用情境　在工作或私生活中，想與某人迅速拉近距離時。

提問範例　「你兒子最近是不是要學測了？」
「最後你有報名東京馬拉松嗎？」

▼用提問縮短重逢後的距離感

人與人相處的時間越長，越能逐漸熟悉彼此，即便是與久別的老客戶見面，也會因為已經有一定的認識，溝通起來特別順利。

人們之所以常用這些問題寒暄，像是：「你兒子應該長大不少吧？」、「最近是不是要學測了？」是因為這類問題能讓人順勢分享近況，無論是驕傲地炫耀：「嗯，已經三歲了！」還是故作抱怨：「是啊，他都不肯好好念書，讓我傷透腦筋。」都能自然開啟對話。請參考我在「2—3滿足對方自尊心」提到的方法，**善用已知資訊**，化解重逢時的尷尬。

如果想進一步拉近距離、贏得對方的信任，不妨借用提問重啟上次談過的話題。請**回想上次聊得特別愉快的內容**，以此為出發點。發問的訣竅是：**重提對方說過的話題**、**關心他的近況**，不要顧著聊自己的近況。

○提問：「你上次說五月要去美國視察，結果怎麼樣？」

○提問：「最後你有報名東京馬拉松嗎？」

▼問題越具體，越討人喜歡

無論是誰，發現別人還記得自己隨口提過的話題時，都會倍感窩心，信賴感也會隨之提升。因此，提問時記得加入時間、次數、地點、專有名詞等具體細節，讓對方更容易回答。

其中最打動人心的，莫過於：**為對方上次提到的話題追加新資訊。**

○提問：「你喜歡○○對吧？我發現了一款不錯的新品。」

○提問：「你上次說過想學○○對吧？我最近剛好認識一位這方面的專家，要不要介紹給你？」

想在重逢時自然敘舊，平時就要養成習慣記住談話內容，並對重要資訊保持敏銳。此外，你還需要投入心力蒐集新情報。

一旦成功了，**即便只是日常偶遇，也能在對方心裡留下深刻的好印象！**

如果覺得自己上次表現不如意，這次仍然可以透過「提問法」來進行補救。

記憶往往是模糊的，你還記得自己的失誤，也許對方早就忘記了。因此，不需要特意說出「上次給您添麻煩了」來喚醒對方的記憶。與其這樣，不如大方拋出貼心提案，如同例句所示範的，主動帶起新話題，從此刻建立全新的溝通橋樑。

不要忘記，一個恰到好處的提問，能直接在對方心中留下美好的一筆。

3—4 在缺乏資訊的情況下安全過關

「你家大兒子是不是跟我家大兒子同年級？」

用已知資訊進行比較，引導對方提供答案。

適用情境

不擅長記人臉、人名或人物資訊，但直接詢問又顯得突兀時。

提問範例

「你和○○是同期進公司的嗎？」

「你叫什麼名字？啊，不是姓，我是說名字。」

▼複習可以為下次的溝通奠定基礎

在上一節介紹了用提問與重逢對象拉近距離的方法。事實上，這些技巧不是我憑空想到，而是從自身經歷學來的。是那些讓人感到貼心的互動時刻，幫助我調整出這套好用的提問方法。

說件丟臉的事，事實上，我非常不擅長記住人臉和人名。由於無法把臉和名字對起來，每當只見過一次面的人突然叫住我，我往往一時間想不起上次的對話內容。

令人驚訝的是，即使不特別提醒「我們上次在〇〇會上見過」，有些人卻能記得十年前的談話細節。每當遇到這種人，我內心都會感到一陣驚慌——相信不少人也有相同的經驗吧？

真正讓我頭痛的是：我老是記不住親戚的臉和名字，尤其是外甥、姪子這類的親戚小孩。我的家鄉在大分縣，至今仍會在年節期間返鄉，但是對於親戚孩子的長相、年級、職業等細節，我總是記不清楚。每次見面，都不得不重複相同的問題，別人應該聽到很厭煩，親戚對我的印象也越來越差。然而，當話題轉到我家孫子時，他們卻能清楚記得名字和年齡：「〇〇已經上幼兒園了吧？」

對某些人來說，記住這些資訊是理所當然的事，然而我卻沒有這樣的自信，總是害怕貿然發問會顯得失禮。

▼推測之後，記得把答案記下來

面對不太確定身分的親戚朋友時，該如何善用提問，從對方口中獲得正確資訊呢？舉例來說，如果想了解親戚孩子的近況，可以試著這樣問：

〇提問：「你家大兒子是不是跟我家大兒子同年級？」

訣竅是：**利用自己確定的資訊來進行比較，從對方口中套出答案**。儘管有推測錯誤的風險，但至少能避免「完全不記得」的窘境。

不過，即使這樣問，也無法問出正確名字。昭和時代的日本政治家田中角榮曾提供一個小技巧——當你忘記對方名字時，可以這樣問：「你叫什麼名字？」如果對方回答：「我叫佐藤。」你再接著問：「不是姓，我是說名字。」這種方式或許適用於工作場合，但在面對親戚時，可能就不太管用了。

因此，我們必須下定決心「再問一遍」。這時記得下點工夫，不要直接問：「他叫什麼名字？」可以問：「他的名字怎麼寫？」就能自然帶過。

不過，以我個人的經驗，就算聽到了名字，還是很可能忘記，所以最好的做法是立刻拿出手機做記錄，以後在婚喪喜慶返鄉前就能快速複習。

我在前面提過，想用提問獲得有用的資訊，需要事先「預習」；同樣地，「複習」一樣重要。透過複習，我們才能記住重要資訊，並在下次溝通時做出改進。

這個道理同樣適用於職場。例如，如果這次見面一時想不起客戶的部門裡，「那個已經調職的人」是誰，可以在寒暄後順勢問：「那個調走的人是誰？」獲得答案後，記得馬上記錄下來，並養成定期複習的習慣。只要清楚表達「我有工作上的事情需要找人」，並向消息靈通的人打聽情報，通常都能獲得正確資訊，還能加深你在別人心中的印象。

如果這次見面表現不理想，下次見面時，趕快用提問扳回一城，絕對來得及挽回信賴感。

「就像你說的，『積極』很重要，對吧？」

在提問時加入對方喜歡的關鍵字、建立共鳴。

適用情境

想更了解對方的想法時。想和不擅長應付的類型順暢溝通時。

提問範例

「沒錯，現在大家都很重視『性別平權』，對吧？
你覺得哪個產業特別關注這個議題？」

▼關鍵字可以建立共識

一場對話常因為某個話題而變得熱絡。比方說，正在考慮發展副業的人，遇到剛開始經營副業的人，有時還沒正式交談，身體就會不自覺地向前傾。同樣地，對「一人露營」感興趣的人，若遇到已經有五年經驗的露營者，也會忍不住想上前討教。

一個人的思維與興趣會自然流露在日常對話中，而使用的字詞則能展現他的思考邏輯和個人喜好。

這個人經常使用哪些詞彙呢？與人拉近距離的關鍵字，就藏在這些日常對話裡，只要多加留意就能察覺。

舉例來說，假如對方經常使用「積極」，你可以這樣回應：

對方：「這次雖然搞砸了，但我認為，越是不順利的時候，越要積極以對。」

○提問：「就像你說的，『積極』很重要，對吧？下次應該就會成功了？」

在這段對話中，**提問方直接引用了對方強調的「積極」**，不僅表達了認同，也創造了共識感，使人更願意敞開心房。

▼善用「對話鏡像效應」來提問

兩個好夥伴聚在一起，常會不自覺地做出相同的動作，像是同時盤起手臂或點頭，這種現象在心理學上稱為「鏡像效應」，相信大家多少聽過。想和不擅長應付的類型拉近距離，也可以運用這個心理學原理——透過模仿對方的動作來促進溝通。

而且，鏡像效應不僅適用於動作，也可以運用在語言上。**在提問時加入對方常用的關鍵字，便能創造語言上的鏡像效應，使溝通更加順暢。**

對方：「我不想在不關心性別平權的領域工作。」

○提問：「沒錯，現在大家都很重視『性別平權』，對吧？你覺得哪個產業特別關注這個議題？」

如果「性別平權」不是你平常會用的詞，剛開始說可能會感到卡卡的。然而，學會接住這些關鍵字、不隨意忽略，是建立良好對話的第一步。事實上，那些讓你感到價值觀不同的詞句，可能正是深化溝通的重要橋樑。

一個人經常使用的關鍵字，代表了他目前最關心的議題；甚至可以說，這個人的想法與想要傳達的訊息，都濃縮在這些詞語裡了。只要你願意主動接住這些話語，就能快速與對方建立信賴關係。

融入關鍵字的提問方式，能有效幫助你理解別人。同時，也讓人感覺被認同，增加表達自我的意願。只要持續引導對話，就能使人敞開心房，分享內心的想法。從結果來看，你也因此主導了對話的節奏與方向。

此外，談話中途不小心離題，變成對方不感興趣的話題時，**也可以重新丟出關鍵字，將話題導回原本的方向。**

3—6 讓對方多說話

「就像大谷翔平改變球棒長度並取得成果一樣，在工作上也想要相信自己的選擇並堅持到底，對吧？」

用對方欣賞的名人習慣或金句來類比。

適用情境　想對別人的主張或想法表示認同，同時引導對方說出更多時。

提問範例　「就像將棋棋士藤井聰太說的：『我們不需要忽喜忽憂。』工作上也是如此，保持平常心很重要，對吧？」

▼提問「角度」要與對方站在同一陣線

有時希望對方多發表意見，卻發現對方的話越來越少，這很可能是**提問角度**出了問題。有些人喜愛聆聽，不愛談論自己，但這並不表示他們完全不願意分享，而是需要找到適合的切入點。

想要鼓勵別人多說話的關鍵是：開啟對方感興趣的話題。舉例來說，如果客戶喜歡棒球，不妨在洽談時提出棒球話題，運用類比來建立連結。

如果他說：「組織裡最重要的是『人』。」你可以這樣回應：「如果團隊裡有像大谷翔平這樣的成員，該有多好！」此外，由於大谷翔平是家喻戶曉的球員，即使這個人未必是棒球迷，也能產生共鳴。

那麼，我們如何將名人融入提問當中呢？舉例來說，如果對方表示：「要相信自己的選擇會帶來成功，並且保持耐心。」你可以這樣回應：

〇提問：「大谷翔平曾說，他把球棒長度增加一公分後，花了整整三個月才完全適應手感，對吧？」

大谷翔平在受訪時說過，自從他改變球棒長度後，確實提升了全壘打的飛行距離。然而，剛開始嘗試時，揮擊變化球的能力雖然增強了，但對快速直球的掌握卻變得不穩定，導致錯失了不少機會。不過，他沒有因此放棄，而是透過不斷練習，最終克服挑戰，成功刷新了個人紀錄。

你可以參考這種方式，**將對方關心的名人或領域專家融入對話中，然後反問：「您的意思是這樣嗎？」**在商務對話上也是，你不需要刻意提及成功創業家，而是應該根據對方的興趣，選擇適合的人物做比喻。這麼做，不僅能使對方覺得被理解，還能建立「你懂我」的印象，進一步贏得信任。

▼引用名言金句，增加對話吸引力

當你發現對方因工作而煩惱，或是遇到瓶頸時，不妨透過提問來引導，例如：

○提問：「就像大谷翔平將球棒長度增加一公分後，花了整整三個月才完全掌握手感，我們在工作上也該更有耐心、持續嘗試，對吧？」

在提問中融入大谷翔平的毅力與成功故事，能夠鼓舞士氣。一般來說，運動賽事是極具說服力的比喻素材，容易引發共鳴。

已故日本棒球教練野村克也曾說過：「勝利有時是注定的，但失敗從來不是注定。」這句話是在說：沒有人天生注定會輸。此外，屢屢打破史上最年輕紀錄的將棋棋士藤井聰太也曾表示：「下棋本來就有輸有贏，因此不需要忽喜忽憂。」這句話提醒了我們，要以平常心面對挑戰。當然，你也可以引用賈伯斯、愛因斯坦等名人的經典語錄。

平時多記錄一流人士的名言金句，在適當時機融入提問，讓對方感受到理解與共鳴，就有機會開啟更多對話。

「不愧是你，觀點真棒。那麼，您對於□□有什麼想法呢？」

把「不愧是」當成前置詞，用肯定語氣來提問。

適用情境

希望維持良好關係，同時也想表達自己的意見時。

提問範例

「不愧是年輕人，想法夠直率。那麼，對於○○議題，你怎麼看？」

「你的觀點很精準。如果是○○情境，你會怎麼想？」

▼先認同，再提問

在許多情境下，即使我們完全認同對方的意見，仍需要適時表達自己的觀點。這時候，應該如何表達才能順利溝通呢？

以應對客訴電話為例，客服人員的首要目標是「滅火」，避免客人的怒火越燒越大。通常，會打電話客訴的人，內心都有一股怒氣需要發洩，客服人員除了耐心傾聽，還需要冷靜提問、確認事實。因此，處理客訴絕對需要必備良好的提問力。

然而，無論你的提問內容再好、應對多麼迅速，**最重要的仍是「優先接住對方的情緒」**。少了一句：「謝謝您告訴我們這件事。」作為緩衝，客人只會越來越生氣，不願意聽你講話。

許多公司在處理客訴時，可能會希望盡快澄清問題、撇開責任，但從實務經驗來看，完全接納客戶的意見，反而是最圓滑、最有效的處理方式。

因此，客訴的應對流程常以肯定句起頭，強調「謝謝您提供寶貴的意見」。這不僅適用於客訴應對，也能運用在日常對話中，因為接納是開啟溝通最好的橋樑。

舉例來說，當你佩服對方提出的觀點，並希望他多做分享時，可以這樣說：

○提問：「不愧是你，觀點真棒。那麼，你還有觀察到其他有趣的現象嗎？」

可以使用「不愧是」等語句來表達肯定，讓別人感受到自己的意見被接納。養成習慣以類似的肯定語開頭，就能在表達認同的同時，一併挖掘出對方的更多想法，並且表達自己的觀點，使問句變得更加溫柔。

▼在肯定語之後輕巧提問

○提問：「不愧是年輕人，想法夠直率。那麼，你對於○○案例有什麼看法？」

肯定之後，只要記得後面的提問不要太過尖銳就行了。除了**「不愧是」**，**「很精準」**也是一種能夠表達肯定的說法。

○提問：「你的看法很精準，如果是……呢？」
○提問：「你的指正很精準，如果……呢？」

這類提問可適用於各種場合。不過，需要注意的是，「精準」雖能表達認同，卻帶有評斷意味，因此最好補充說明「尤其是在○○方面」，以免對方誤會。

提問不僅是挖掘資訊、引導對話的強力工具，**同時也是建立信任感、加速溝通的捷徑**。只要在提問前後多用點心思，就能讓對方心情愉悅地滔滔不絕。

第四章

化危機為轉機的提問方式

4—1 打破膠著狀態

「我可以換個角度來提問嗎？」

用提問改善沒有交集的對話。

適用情境 當討論陷入瓶頸、沉默過久，或氣氛變得尷尬時。

提問範例 「對了，負責這件事的業務員怎麼看呢？」

「話說回來，你孫子最近還好嗎？」

▼用提問創造「俯瞰視角」

在日常討論中，經常會遇到需要做出結論，但雙方意見不合，導致話題停滯不前的情形。這種看似快要破局的場面，其實可以運用提問，化危機為轉機。

舉個例子，假設某玩具公司的製作部和業務部正在開會，製作部想將一款角色模型定價為八千圓，但業務部卻希望調整至六千多圓。然而，若要壓低價格，就勢必得降低材料品質，這令製作部難以接受；而業務部則認為，在競爭激烈的市場中，合理的售價才是致勝關鍵。

當雙方誰也不讓步，導致會議陷入膠著時，可以嘗試這樣提問：

〇提問：「對了……你家兒子幾歲了？」

這個問法的重點在於：**刻意跳脫討論內容、切換話題，使對話短暫抽離僵局。**其他人可能會感到意外，但這正是我們想要的效果。接著，可以再進一步問：

○提問：「玩具不就是應該對兒童無害嗎？如果為了壓低成本，選用了劣質材料，那就本末倒置了吧？你願意讓自己的孩子使用這樣的玩具嗎？」

這裡運用了我在1—5提過的「三階段剖析」，也就是：「原本○○應該是□□才對吧？為什麼現狀不是呢？」這樣的提問方式，能讓對方意識到當前決策與初始目標有所偏離。**先跳出議題，透過舉例喚起對方的情感共鳴，再運用理性分析**，便能有效說服對方。當然，對初次見面的客戶來說，突然提及家人可能不太合適。但只要找出議題與對方之間的關聯，就能透過提問，讓他稍稍抽離原本的思維，從更高的視角俯瞰全局。

▼善用提問跳脫議題，轉換視角

還記得刑偵劇裡的審訊場景嗎？刑警盤問嫌犯時，常會突然改變語氣，從高壓質問轉為柔聲詢問：「你家鄉的母親最近還好嗎？」這往往能讓人卸下防備，不小心說出線索。由此可知，**打破僵局的方式，就是先把視角拉遠。**

○提問：「我可以換個角度來問嗎？」

有時候，直接表達「我想變換視角提問」，反而更能順利打破僵局。這種方法不僅適用於職場，在日常生活中也同樣有效。

舉例來說，假設你和伴侶因為假日計畫意見不合而僵持不下，此時若是逼問對方：「不要一直不說話，快點表態啊！」只會讓對話變成指責，使問題更加無解。

相反地，你可以試著這樣問：

○提問：「對了，去年生日我們去吃了法國料理，今年要吃什麼好呢？」

像這樣**巧妙切換成一個「加分話題」**，就能幫助雙方跳脫當下的爭執，重新建立共識。

4—2 使停滯的對話加速進展

「如果你住在〇〇，這時候會怎麼想？」

設定具體情境，以「角色扮演」的方式提問，引導對方說出想法。

適用情境　在會議或腦力激盪中，部分成員遲遲沒有發言時。

提問範例　「假如你進公司一年了，會贊同這個企劃嗎？」

▼引導對方說出想法

在企劃會議或內部討論時，總有人不太積極發表意見。但這並不代表他們毫無想法，可能只是找不到合適的開口時機，或者對自己的提案沒有信心。身為組長，可能會急切地追問：

△提問：「○○，你對剛剛的提案都沒有想法嗎？」

回答：「我的想法跟□□說的一樣。」

△提問：「我覺得負責人○○的觀點很有道理，你覺得呢？」

回答：「是啊……」

問題是，一旦這樣問，組員就會順著回答，沒有機會真正思考、表達自己的意見，使討論陷入停滯。

有一種方法可以活絡會議：請對方「換位思考」，假設自己是「某某某」來回答問題。例如，我在指導考生寫小論文或教導小學生寫作文時，常請那些不擅長表達想法的學生思考：「如果是你，會怎麼做？」

假設當前討論的是社會階級差距，我可能會問：「如果你是個失業、沒有存款、不敢結婚的人，會有什麼感受？你會怎麼思考這個問題？」透過角色扮演，學生更容易進入狀況。

而在指導小學生寫作文時，我會設計更具想像力的情境，像是：「假設你在路上撿到一個魔法寶盒，裡面可能會有什麼呢？」用這類問題激發孩子的想像力，他們可能會說：「裡面有糖果！」、「裡面有一支銀色的鳥羽毛！」如此一來，便能從自己的經驗和情緒中獲得靈感，擴展思考範圍。

▼用「假設式提問」活絡會議氣氛

如果直接問：「我想聽聽你的意見。」、「你對這件事有什麼看法？」對方仍遲遲不願發言的話，不妨換個方式提問，**改用「假設情境」鼓勵對方換位思考，答**

題就會變得更輕鬆。簡單來說，把這當成一場角色扮演遊戲就可以了！在商務會議或腦力激盪時，你可以這樣問：

〇提問：「假如你進公司一年了，會贊同這個企劃嗎？」
〇提問：「假如你住在美國，這時候會怎麼想？」

只要這樣問，對方就能**跳脫自己的框架，從「假設」的角度來回答，也一併降低了開口的心理壓力**，不用擔心自己的意見「太愚蠢或沒有價值」。

此外，即使當下沒有具體想法，聽到「假設情境」後，大腦也能更快進入狀況，藉此激發出靈感。有時候，原本毫無頭緒的人，反而能提出意想不到的好點子。

當那些原本不太願意發言的成員開始展現積極態度後，便能透過假設的問題「參與會議」，這不僅幫助他們釐清自己的想法，也能讓整場會議更加順暢有效率。

4—3 避免對話止於表面

「我想確認一件事，你剛剛的意思是○○，對嗎？」

以「一個」作為墊腳石，問出更多內幕消息。

適用情境　想要避免直接衝突，或想挖出更多有用資訊時。

提問範例　「方便請教一個問題嗎？」
「可以讓我提出一個想法嗎？」

▼強調「一個」的好處

雙方立場不同時，可能會因為有所顧慮而不便直接表達反對意見，最後留下遺憾。但是，只要學會表達意見的技巧，就能有效避免這種狀況。

你或許看過日本知名刑偵劇《相棒》，這部連續劇從二〇〇〇年開播至今，仍是日本最具代表的長壽刑偵劇。

劇中，主角杉下右京擁有卓越的推理能力，經常透過巧妙的提問擊破嫌犯的心理防線。他的經典場面之一，就是當嫌犯準備離開時，突然豎起食指說：**「啊，抱歉，再讓我問一個問題，好嗎？」**

原本嫌犯心裡可能正想著：「總算可以走了。」或「還好沒露出破綻。」但這句話突然打亂了他的節奏，使他無法輕易脫身。

舉例來說，假設你正在談一個合作案，對方最初表示：「我們會在本季內達成一百萬個商品的銷售目標。」但在對話過程中，說法逐漸變成：「我們今年內會達標。」讓你產生疑慮，不敢貿然答應合作。

這時，請把對方的說法聽完，接著這樣提問：

○提問：「我想確認一件事，你剛剛是指本季內會達成目標，對嗎？」

只要先丟出「只有一件事」的訊息，對方就會卸下防備，願意進一步溝通。**請用「我只是順便問一下」的語感提問，逐一清除內心疑慮。**

▼用「順便再問一件事」繼續發問

當你仔細聽完對方的說明，依然覺得無法完全認同時，可以先說：「順便再問一件事。」接著進一步發問：

○提問：「方便再請教一個問題嗎？」

○提問：「可以順便再問最後一件事嗎？」

○提問：「最後，讓我問一個問題……」

像這樣，模仿杉下右京的問法循循善誘。當然，你不一定要等到話題快結束才發問，也可以在對話過程中適時加入：「我想確認一件事，可以嗎？」、「我想請教一個問題，可以嗎？」等句子，引導對話進展。

如果為了強調自己的立場而否定對方，溝通容易出現摩擦。同樣地，在重要的決策會議上，如果無法掌握發言時機，也容易被他人主導話題。

這時候，提問就是一個有效的策略。

提問能迅速縮短彼此的認知差距，只要懂得在適當的時機發問，就能讓對話朝著更有利的方向發展。

4—4 推掉不合理的要求

「完成這項任務需要○○前輩協助，您已經徵得同意了嗎？」

面對不合理的要求時，直指對方的盲點重整態勢。

適用情境 被逼問：「做不做得到？」但其實想拒絕時。

提問範例 「這樣會欠業務部人情，真的沒問題嗎？」

「這樣勢必得放棄○○，真的沒關係嗎？」

▼用提問擊退職場霸凌

你是否遇過上級提出不合理的要求，因為難以拒絕而勉強接受，事後卻後悔不已的狀況呢？相信許多人都有被對方的氣勢壓制，無法當場反駁的懊惱經驗。

想像一下，你正準備下班時，突然被主管指派一項工作。儘管知道應該服從命令，但你心中不禁懷疑：這件事真的非得在今天完成嗎？可是，你摸不透主管的脾氣，不知道該如何應對。此時，可以運用提問創造轉機。

首先，你必須釐清強硬指派的工作是什麼，從中找出突破點，例如：

○提問：「這項任務平時都是由○○前輩指導，我需要請前輩一起參與，您已經徵得他的同意了嗎？」

○提問：「這個月如果再有人加班，就會超過工時上限，您已經跟人事部協調過了嗎？」

提問的訣竅是：**先指出對方要求中的「矛盾點」，接著拋出質疑：「真的可以嗎？」、「您已經確認過了嗎？」**面對那些習慣隨意指派工作的主管，只要稍微指出他們的盲點，借用提問「小小地施壓」，就能削弱對方的氣勢。

在被逼問：**「做不做得到？」**之前，先善用這種提問方式動搖對方，或許就能找到突破口。

如果對方依然強勢，你可以迅速反擊：「為什麼是找我？」、「為什麼一定要今天完成？」、「〇〇部長知情嗎？」這些問題能讓對方一時語塞，幫助你收集資訊，同時爭取更多交涉時間。如此一來，你將有機會調整、減輕，甚至取消這項工作。

▼用提問暗示對方不樂見的結果

即使是上級交派的任務或命令，只要懂得運用正確的方法據理力爭，我們依然有機會逼退對方。例如，當主管提出不合理的要求時，你可以強調「這件事需要敵對部門協助」，讓他知難而退。

○提問：「要接受這樣的條件，必須獲得經常與我們部門作對的○○部門協助，您確定要執行嗎？」

○提問：「這樣會欠業務部一個人情，真的沒問題嗎？」

在私人生活中，遇到不合理的要求時，你也可以這樣提問：

○提問：「那麼，我會找○○商量這件事，你確定這樣ＯＫ嗎？」

○提問：「這樣一來，就勢必要放棄○○，真的沒關係嗎？」

像這樣，直指對方最擔憂的點，就能重新站穩腳步。

面對不合理的要求，哭訴自己的難處或許能博取同情，但更有效的方法是**善用提問作為溝通武器，化危機為轉機**，在關鍵時刻成功反擊。

4—5　圓滑地提出要求

「我希望在這個月內重新討論這件事，您方便安排時間嗎？」

面對難以啟齒的請求，用「先表達意見＋提問作結」來緩和氣氛。

適用情境

當你需要別人接受請求，而這個請求有些強人所難時。

提問範例

「……，我打算這麼做，這樣可行嗎？」

「……，我是這樣想的，能請各位提供意見，作為我未來的參考嗎？」

▼稍加修飾冰冷的洽商語氣

當商品趕不上交期時，如果直接寫信告知案主：「請再給我三天時間。」對方可能會相當不高興，因為這句話缺乏任何歉意，案主甚至可能故意刁難：「不行，你現在不交，我無法向上面交代。」更嚴重的是，你可能因此失去信任。

然而，只要改用客氣的方式表達難處：「不好意思，可以給我三天的調整時間嗎？」就不至於因為一句話而破壞交情，對方甚至還有可能爽快答應。

我們每天的工作，都是在這種技巧性的溝通中進行的。

事實上，職場上處處充滿這類溝通技巧。出社會之後，人們會逐漸發現，許多學生時代沒接觸過的「迂迴表達」，其實能幫助我們工作更順利。

遇到難以啟齒的請求時，不妨**以正式的商務用語為基礎，稍加修飾再提問**，就能大幅增加成功率！假設你想邀請一位忙碌的夥伴參與會議，以下兩種表達方式就有所不同：

△提問：「我有個不情之請，您之後能和我再開一次會嗎？」

○提問：「我希望能在這個月內重新討論這件事，您方便安排時間嗎？」

「不情之請」雖然是一種謙虛的說法，但其實**仍帶有強烈的請求意味，容易讓人感受到壓力**。相較之下，先表達自己的意見，再詢問對方的意願，即所謂的**「先表達意見＋提問作結」**，能降低對方的心理負擔，不會覺得自己被迫接受。

再舉個例子，當你需要變更企劃方向，以下是兩種常見的問法：

△提問：「很抱歉突然要你修改，但可以請你重新評估企劃的年齡層嗎？」

○提問：「我希望將企劃方向修改為適合二十歲的年齡層，這樣應該沒問題？」

像這樣，優先提出意見、再提問，能達到更好的溝通效果。由於這類請求本來就有可能讓對方感到困擾，人們有時習慣以「不情之請」或「很抱歉」開頭，但這樣反而容易引人反感。相反地，記住「先表達意見＋提問作結」，能讓你的請求更圓滑、成功率更高。

▼確認不明確的約定事項

當你**忘了確認重要事項，需要盡快釐清時**，「先表達意見＋提問作結」的提問方式依然好用。例如，當你不確定委託案的交件日期，或對方雖然邀請你參加演講或研討會，但你不確定自己是否獲得招待資格時，可以這樣詢問：

○提問：「我之前承諾過○○○○（也非常期待），想再確認一下細節，方便嗎？」

如此一來，對方也有可能反省：「是我沒交代清楚。」你不僅能獲得所需資訊，也無需擔心被責怪。

4—6 當對方突然翻臉時

「我是不是有哪裡冒犯到您呢？」

當氣氛突然變僵，先釐清原因，再重新調整方向。

適用情境

對方面露不悅，或是突然沉默下來時。

與高層談話，絕對不能搞砸時。

提問範例

「是我進行得太倉促了嗎？」

「我是不是哪裡說錯話了？」

▼用請教的方式問出癥結點

在眾多溝通危機中，最令人擔心的情況之一，就是不小心惹對方生氣。如果問題出在自己的失言，當下真的會想找個地洞鑽進去。

這時候，最好的做法是立即道歉，誠懇地低頭表達歉意：「是我措辭不當，剛剛應該說〇〇才對。」、「我記錯您家老闆的經歷了，真的很抱歉。」

如果對方仍不接受，那也只能下次再努力了。但多數情況下，誠懇的態度都能化解尷尬。

然而，如果狀況不是對方表露不滿，而是剛才還談笑風生的人突然靜了下來、眼神飄忽不定，該怎麼辦？你回想對話內容，卻找不到明顯的失言。這時，不妨直接詢問：**「感覺您的態度突然變得有些不同，我不太確定發生了什麼事，方便告訴我嗎？」**或者更直接地問：

〇提問：「我是不是有哪裡冒犯到您呢？」

只要好好提問，對方就必須給出回應。

有時，問題可能只是你無意間說了一句：「本商品的目標客群是三十多歲的大叔。」而你的談話對象剛好也是三十多歲的男性，內心可能因此不太高興，卻不好意思說出來。也許他不是生氣，而是有點失落地想：「原來在年輕人眼中，我已經是個大叔了。」這時，他可能會客氣回應：「沒有，我剛好在想事情而已。」

此外，也可能只是對方剛好收到緊急通知，或是突然肚子痛，導致注意力轉移，根本與你無關。

▼透過回答，幫助對方冷靜下來

無論如何，透過適當的提問，對方可以選擇說出不悅的原因，或者在思考過後，發現事情其實沒那麼嚴重，決定輕描淡寫地帶過。

即使對方當下很生氣，也可能因為聽到你的詢問而冷靜下來。無論對方不高興的理由是什麼，我們都能**從回應的細節中判斷應對方式**：

○提問：「我感覺您有話想說，可以告訴我嗎？」

○提問：「我是不是哪裡說錯話了？」

○提問：「是我進行得太倉促了嗎？」

○提問：「我是不是弄錯了什麼呢？」

○提問：「我是不是有哪裡不得體呢？」

只要具備靈活的提問力，就能適時緩解緊張的氣氛，並找出最佳的應對方案。

4—7 當對方開始長篇大論時

「用兩小時的連續劇來比喻的話，現在才過了二十分鐘嗎？」

在正式與輕鬆的語氣間轉換，使對話順利愉快。

適用情境

對方雖無惡意，但說話過於冗長，導致主題不明確時。

提問範例

「以結論來說，是怎麼一回事呢？」

「可能是我理解力不好，請問您現在是在說明○○嗎？」

▼用提問巧妙打斷對方

有時，對方一開口就停不下來，這可能是因為他們習慣細膩地交代前因後果，並非說話毫無內容可言，但問題在於——你完全不知道這場「演講」何時才會結束。與這種人對話往往難以掌握時間，令人坐立難安。

然而，隨意打斷或轉移話題，對方可能會誤以為自己表達不清，反而講得更慢、更詳細。這時，可以透過幽默的提問來解套。

如果他是喜愛古典樂的人，可以這樣問：

〇提問：「你現在大概說到奏鳴曲的第幾樂章呢？」

奏鳴曲通常包含四個樂章，如果對方回答：「現在是第一樂章。」你可以笑著回應：「也就是說，後面還很長對吧？」**用幽默的方式提問**，能使自己心情變輕鬆，也不會讓對方覺得突然被打斷。

如果對方的話已經過於冗長，你完全無法掌握重點時，可以使用以下方式來引導：

適合輕鬆場合（家人、朋友）：

○提問：「用兩小時的連續劇來比喻的話，現在才過了二十分鐘嗎？」

○提問：「咦？我們本來在說什麼呢？」

適合商務場合（正式對話）：

○提問：「以結論來說，是怎麼一回事呢？」

○提問：「可能是我理解力不好，請問您現在是在說明○○嗎？」

請用「請教」的語氣來詢問，並**搭配以下語感：「我有點跟不上話題，如果您能先說明結論，我就能更好地整理脈絡。」**以此強調「是我歷練不足」。

▼用提問打亂對方的節奏

話多的人通常不會意識到別人是否趕時間，也沒察覺自己已經占用了太多時間。他們並無惡意，只是認為**對方應該也樂於聆聽細節**。這時，你可以停止附和，或是眼神看向他處，對方就會意識到自己說得有點過頭了。

我在1—10介紹過，在話題途中用「嗯？」表達疑慮，同樣能有效傳達聽者的不滿和壓力。

除此之外，快速、連續地提問也是一種技巧。當對方發現自己必須一一回答問題，可能會覺得麻煩，自然而然地縮短時間。

雖然耐心聆聽是基本禮儀，但要是太過溫順，在溝通上容易吃悶虧。請記得，**在日常對話中感受到任何壓力，都能用提問來消除。**

4—8 當對方不停吹噓時

「擇日再請教您寶貴的經歷，我們先彙整今天討論的主題，好嗎？」

學習主持人的技巧，適時掌握節奏、切回正題。

適用情境

當對方的吹噓或說教遲遲不結束，已經影響到正式討論時。

提問範例

「時間有限，我們可以討論下一個議題嗎？」

「我很想繼續聽您分享，但現在要不要先進入正題呢？」

「啊，需要幫您重新倒杯咖啡嗎？」

▼對付滔滔不絕的吹噓和說教

許多長篇大論，其實來自吹噓與說教。最令人頭痛的，莫過於在職場上遇到高層自吹自擂、滔滔不絕，這不僅浪費時間，最後還常延伸為長時間的說教。

例如，過去我曾聽說一位主管對一名部下說教了整整兩、三個小時，甚至要求部下到自己家裡過夜，隔天繼續指導，幾乎無止境地傳授「人生哲學」。

這種情況在「職場霸凌」觀念尚未普及的年代並不罕見，但在現代職場文化中，這已經接近「職權騷擾」。值得注意的是，這些長篇大論往往並非純粹的說教，而是穿插大量的「話當年勇」。

無論是從吹噓開始，還是從說教開始，最終都會演變成兩者交替進行，說話者會從中獲得滿足感。

這裡請大家重新思考：**提問的本質是什麼？**正如前面提到的，提問者就是對話的「主持人」，當對方的話題過度膨脹，開始影響到你的立場時，務必**善用提問來改變對話流向。**

▼用提問改變現場氣氛

我們先假設是對方「不停吹噓」。如果這是在多人會議中，**我們可以透過提問，讓對方意識到「時間的流逝」**。

○提問：「擇日再請教您寶貴的經歷，我們先彙整今天的討論內容，好嗎？」

這樣一來，就能在不直接否定對方的情況下，順利將話題導回正題。

如果是在一對一的場合，則可透過提問來改變氣氛，例如：

○提問：「原來如此，我學到了很多寶貴的知識……要不要先休息一下？」

○提問：「很高興聽您分享這麼多……啊，需要幫您重新倒杯咖啡嗎？」

如果是難以掌控時機的線上會議，也可以用以下方式引導對話結束：「我想去一下洗手間。」、「抱歉，我的手機收訊不太好……」這些話雖然簡單，卻能讓對方反過來配合你的節奏。

如果對方「喜歡說教」，情況會更為複雜。因為，我們不能光是靜靜聽，還要展現反省的態度。因此，發問的訣竅是：**一邊表現出虛心請教的樣子，一邊伺機提問**。

如果對方正在分享自己的經驗，與其直接打斷，不如快速、具體地連續發問，例如：「當時，您是用什麼方法證明自己沒錯的呢？」、「那家公司從什麼時候開始變得這麼沒秩序？」

如此一來，儘管對方一開始會興奮地回答問題，連續回答幾次後就會感到疲憊，想要快點結束話題。如果你正遭受嚴厲的責罵，則需要稍微觀察時機再發問。只要運用得當，提問可以幫助你在最短時間內擺脫說教。

只要讓對方產生這樣的想法：「每次想說教，他都會問一堆問題，算了，下次還是別找他吧。」你就成功奪回了對話的主導權。

4—9 巧妙結束討厭的話題

「對了，你們去過那家在節目裡提到的名餐廳嗎？」

面對不感興趣的話題，從對方的話中汲取關鍵字，巧妙轉移話題。

適用情境　對方不斷說別人的壞話或八卦，而你不想繼續聽時。

提問範例　「說到偷情，上次我們聊的那部懸疑推理劇，兇手的殺人動機不就是偷情嗎？」

▼不否定也能削弱對方的氣勢

對不擅長聊天的人來說，與健談的人相處似乎很輕鬆——不用自己開口，對方也能自顧自地找話題，不必擔心會冷場。

不過，當話題開始變得無聊，即便只是閒聊，也會令人感到痛苦不已。

尤其當話題變成八卦或人際是非，情況會更加棘手。選擇默默聆聽，可能使人誤以為你默認對方的說法；即便只是應和一句，也可能被當成愛聊八卦的人，影響自己的風評。總之，你必須盡快結束這類話題。

舉例來說，如果對方開始討論某位藝人的偷情醜聞，你可以這樣回應：

○提問：「說到偷情，上次我們聊的那部懸疑推理劇，兇手的殺人動機不就是偷情嗎？」

對方：「呃……你在說什麼？」

○提問：「就是那部最近要改編成電影的推理劇啊！上次我們不是還討論過嗎？」

對方：「啊，好像有這件事……」

○提問：「我忘記片名了，是叫什麼呢？」

這是我實際用過的方式。從對方的話語中汲取「關鍵字」來轉移話題，就能讓人覺得「算是相關話題」，還能稍微潑點冷水，使他不再興致勃勃地聊八卦。簡單來說，就是從對方的話裡，找出可以引導到其他話題的關鍵字。

▼加入大量關鍵字，自然岔開話題

假如對方鍥而不捨地繼續聊八卦：「聽說偷情對象是那家法國餐廳的主廚耶！」你可以這樣問：

○提問：「那家餐廳很有名，你去過嗎？」

○提問：「說到法國餐廳，你知道現在東京哪一家最受歡迎嗎？」

〇提問：「原來餐廳主廚這麼受歡迎？」

像這樣，**反覆運用關鍵字提問，表面上對話仍圍繞原本的主題，實際上已轉向別的方向**。這不僅沒有直接否定對方，還能自然地閃避尷尬話題。

需要注意的是，當新的話題結束後，對方還是有可能試圖拉回最初的話題。因此，為了**讓話題完全偏離，我們應該將內容引導得越遠越好**。

〇提問：「現在最受歡迎的職業是什麼?應該還是YouTuber吧？」

〇提問：「說到高級餐廳，你不覺得偶爾來一頓豪華晚餐，才算是真正享受生活嗎？」

引導對方接住新的關鍵字，你就能順利擺脫原本的話題。

第五章

引導別人行動的提問方式

5—1 提升團隊士氣

「這個點子很棒！你覺得大約需要多久才能完成呢？」

從對方的言行中找出值得稱讚的地方，再透過提問引導他採取行動。

適用情境　部下或新人的工作表現不佳，希望他們能多建立自信時。

提問範例　「你工作向來很細心，當你感到迷惘時，會怎麼調整方向呢？」

「這份企劃寫得很有說服力，你花了多久時間準備呢？」

▼先表達共鳴，再進行提問

有些主管希望提升團隊士氣，卻弄巧成拙，無意間打擊了組員的自信心，還自以為溝通順利。是的，這些人或許沒有大聲斥責或說教，純粹是基於「為你好」的心情給予建議，卻沒發現這種方式反而適得其反，實在可惜。因此，本章的重點就是：**當我們希望別人採取行動時，應該如何透過適當的提問來進行溝通，使彼此的關係更加緊密。**

假設你的部下或新人在工作上表現不佳，心裡已經很擔心會被人嘲笑，此時如果主管又對他說：

╳提問：「這個點子還可以，但記得再確認一次工作流程，案子卡太久了吧？」

聽到這種話，部下只會變得更加沮喪，甚至表現得一落千丈。人都希望自己能在關鍵時刻獨當一面，此時，他們最需要的是別人的支持及鼓勵。只要有人給予打氣、陪伴，成為堅實的後盾，他們就能勇往直前。不限於工作，在人生迷惘、自我懷疑：「這麼做真的好嗎？」的時刻，如果身邊的家人說：「為什麼不可以呢？」簡單的一句話，就能帶來力量，使人相信自己「做得到」。即使那些鼓勵缺乏依據，仍能在人邁步向前時，成為強而有力的精神支柱。

引導他人採取行動，需要的不是以理說服，而是「情感共鳴」。即便在工作場域，「以理服人」也未必是最佳方式，因為對對方來說，這麼做可能毫無幫助。試想，當一個人正在努力前進時，卻被提醒自己早已知道的風險，或是再次被叮嚀工作流程，只會讓人喪失動力，士氣低落。

▼以「夥伴」的身分發問，發揮教練力

表達情感共鳴的成功關鍵是：**先肯定對方的言行，再藉由提問來鼓勵行動**。此時，可以運用我在1—4介紹的「確實～但是～」句型：

○提問：「你的切入角度（確實）很新穎，但是大約何時能完成呢？」

即使部下或新人的工作表現有待加強，也應該優先找出優點加以誇獎。**在前句加上「確實」，能夠傳達共鳴，而後句的「但是」則具有回顧與督促的作用。**只要你的問題中包含情感上的同理，聽者就會認為「這個人是我的夥伴」。這份安心感能轉化為前進的動力，使人在緊張的情況下繼續前進。

相較之下，前述的╳例句則完全相反，不僅指出缺點，內容還淪為責罵。這樣的提問方式宛如「敵人」在找麻煩，會讓對方更加喪失自信，打擊團隊士氣。

一點點語感上的差異，便可能影響對方對你的判斷——你是「夥伴」，還是「敵人」？**提問之前，務必提醒自己與對方站在同一陣線，才能真正發揮教練力！**

5—2　讓人打開心房

「你的眼光很獨到，平時是怎麼充實自己的？」

面對防備心重的人，從個人角度稱讚他，滿足他的認同需求。

適用情境　想激勵某人，但不知該如何拉近距離時。

提問範例　「你的詞彙量很豐富，我彷彿在和作家對話。你平時都讀哪些書呢？」

「你的〇〇品味真好，平時是怎麼培養的呢？」

▼讚美不需要客觀事實

你的提問方式，決定了對方是否願意對你敞開心扉。本節將教你如何讓人無預警地卸下心防。

稱讚的話語容易被記住，我至今仍記得二十出頭時，長輩曾經稱讚我的話：

○提問：「你的眼光很獨到，平時是怎麼充實自己的？」

在我聽來，這句話就像在說：「你很不簡單！」當時的我年輕氣盛，光是被這樣稱讚一下就開心得像飛上天。然而，我並不確定每個人看見我都會這麼想。說穿了，「你的眼光很獨到」只是那位長輩的個人看法。正因如此，這樣的提問方式才能一舉打開心門，讓我覺得：「只有他懂我！」、「他看見了我的努力。」、「我想和他分享更多自己的想法。」

從提問者的角度來看，如此短短一句話，就能在對方心中留下好印象，使彼此建立更緊密的聯繫。這類讚美完全出自主觀，不涉及客觀事實，只要稍作調整，人人都能靈活運用。

○提問：「你在工作時比別人更有熱情，你最重視的工作理念是什麼呢？」

○提問：「你聆聽時的神情與眾不同，未來是不是計畫創業呢？」

稱讚的訣竅是，主觀的部分要盡量具體，例如：「你的○○品味真好，平時是怎麼培養的呢？」或「你散發一種將來會成就大事的氣場。」**接下來，只需要順著對方開心分享的內容，繼續深入提問就行了。**

▼滿足認同需求的提問訣竅

倘若你希望提升團隊士氣、與組員建立共鳴，卻屢屢遇到溝通不良的情況，原因大致可分為兩種：

一、你對對方的專長或興趣愛好不夠了解。簡單來說，就是缺乏細心觀察，因此找不到合適的稱讚方向。

二、你因為從來沒被主管稱讚過，而產生嫉妒心理，導致自己也不願意稱讚部下。事實上，這種嫉妒正源自於內心對認同的渴望。

每個人都希望獲得別人認同。一旦獲得認同，就會湧現力量，能夠更有自信地展開行動。然而，真正願意認真滿足他人認同需求的人卻少之又少。

能夠把「提問力」當作最強溝通武器的人，平時就懂得細心觀察周遭人的言行，**他們清楚知道該從何種角度切入對話，使對方感到愉快**。正因為他們懂得貼心提問，其他人才願意敞開心房。可以說，那些不懼怕代溝、深受他人信賴的人，都懂得**善用提問對人「付出關心」，並能在溝通時自然而然地滿足對方的認同需求**。

5—3 需要訓誡對方時

「你看起來沒有全力以赴，你覺得該如何調整會比較好呢？」

用正面的方式提問，避免語氣帶有責備。

適用情境　需要對犯錯的人提出建議時。

提問範例　「我就說吧，你不做不就沒事了？」
「你不是早就知道該怎麼做了嗎？」

▼用提問指出問題，減少傷害

我曾為負責批改小論文的高中老師開設課程。從經驗來看，需要調整的老師大致可分為兩類。一種是對文章寫得不好的一處進行嚴厲批評的老師；另一種則是太過顧慮學生感受，而不願做任何批評的老師。

如果要問我哪一種比較糟，我認為是後者——那些完全不給予批評的老師。他們不願修改句子，是因為害怕傷害學生的自尊心。這種老師既不懂得委婉表達，也不願意嘗試溝通。

更糟的是，這些老師還會在不需要修改的句子旁劃線，用紅筆寫上「不錯」，但卻只願意給出滿分十分中的六分。由於有「不錯」的評語，學生通常會認為這是稱讚，但實際上分數偏低，這不僅讓學生感到困惑，也容易使他們喪失進步的動力。

我猜想，這些老師在授課或導師時間，可能也抱持相同態度。他們明知道文章中有缺點，卻不指導也不批評，任其繼續錯下去——這絕對不是良好的教育範本。

當然，我也不認同過於嚴厲的批評。其實，只要清楚指出缺點，並且仔細說明該如何修改，學生並不會因此受傷，這種積極溝通的教育心態不僅適用於學校，也適用於職場與日常生活。

▼提示調整後可預見的好結果

別忘了，指正部下或新人犯下的錯誤時，目的在於讓對方在不受傷的情況下聽進去，避免下次再犯。這不難做到，你可以試著這樣問：

〇提問：「你看起來沒有全力以赴，你覺得該如何調整會比較好呢？」
〇提問：「你的做法並沒有錯，但你有沒有想過，或許還有其他方法？」

需要斥責時，記得善用提問，將內容導向「正向結果」。你的目的不是逼對方認錯，更不是透過連續逼問來擊沉對方，而是引導他們的視角與思維，轉向今後可獲得的良好結果。

〇提問：「你上次不是成功了嗎？這次用相同的方法不就可以了？」
〇提問：「這次雖然失敗了，但你應該已經察覺到更好的做法了吧？」

即使面對犯下重大錯誤的下屬，你也可以這樣轉換：

╳提問：「執行前為什麼不先找我商量？」
〇提問：「這次你勇於挑戰，那你預計要花多少時間才能成功呢？」

像這樣，只要換成正向角度，就能帶點幽默感地討論未來的決策方向。

5—4 使一蹶不振的人重新振作

「你是不是忘了一件事？」

用「3WHAT」與「3W1H」提問，幫助對方找出遺漏的關鍵。

適用情境　想為陷入低潮的人提供新的嘗試方向時。

提問範例　「我們一起盤點現狀吧？」

「一起想想下次該怎麼做吧？」

▼幫助對方理清思緒的提問技巧

接下來，我會教你能夠**幫助失敗後陷入低潮的人重新振作的提問技巧**。延續上一節的內容，我同樣用指導小論文的經驗來舉例。前面提到，有些老師會對文章的某個缺點嚴厲批評，有些則完全不批評；但其實還有一種老師，會列出所有不足之處，並逐一提供建議。

但是，如果這位老師只是接連指出：「這裡主旨不清」、「舉例不恰當」、「理論矛盾」，學生可能會覺得自己的想法被全盤否定，進而喪失自信，更不知道該如何修改。

那麼，身為一位指導者，我們究竟該如何提供建議呢？用〈高中生打工究竟是好是壞？〉這個題目來舉例，假設學生的小論文結論是贊成打工，但文章缺乏說服力呢？

這表示，這篇論述需要能夠說服那些認為「高中生的本分是讀書，不應該打工」的讀者。反過來說，即使學生主張「讀高中是為進入社會做準備，因此我贊成打工」，他依然需提供充足的依據來支持自己的論點。光是指出一點是不夠的，一篇好的小論文，應該從多角度來分析，使主張更具說服力。此時，可以運用第一章介紹的「3WHAT」（1—1）與「3W1H」（1—2）提問法，有效整理思路。

如果學生在表達贊成時，沒有深入思考議題的背景或成因（WHY），文章可能會顯得膚淺。**你可以用：「你對這一點有什麼看法呢？」引導學生自行發現需要補充或修正的部分，使文章更具說服力。**

▼用「盤點式提問」幫助對方發現問題

在工作上也是，如果希望員工重新振作、繼續嘗試，要做的不是批評，而是**善用提問，引導對方整理資訊，自己發現失敗的原因。**

╳提問：「你都沒想到預算問題嗎？」

○提問：「你是不是忘了一件事？」

╳提問的缺點在於「直指問題」，不像○提問所做的是引導對方自主思考。此外，你也可以運用「3WHAT」或「3W1H」提問法給予適當的提示。

優秀的企業教練具備良好的「盤點能力」，他們不只提供建議，更能與客戶一同解決當前遇到的問題。

○提問：「我們一起盤點現狀吧？」

這樣不僅能鼓勵對方面對失敗，還能激發重啟的動力。

此外，思緒混亂時，製作表格將情況清楚呈現，也是一種有效的方法。

拋出問題、引導對方盤點現況，是幫助別人完成任務的重要過程，只要好好分析每件事的優先順序，就能釐清下一個行動目標。

5—5 讓慢吞吞的部下動起來

「是不是有什麼原因使你卡住了？」

用具體提問，替人找出解決問題的方案。

適用情境 對方遲遲沒行動，若再放任下去，將導致事態惡化時。

提問範例 「你知道企劃部的○○對這個主題很熟悉嗎？」

「要不要請前任負責人或課長提供建議？」

▼用提問催促迷惘的部下行動

在團隊中，如果有人停滯不前，整體士氣也會受到影響。那麼，有沒有什麼方法可以讓這個人動起來呢？

多數時候，工作進度停滯的原因是遇到問題、找不到解決方案。**由於不知道該如何跨出第一步，導致進度原地踏步**，而旁人看了只會焦急地想：「到底怎麼回事？」、「他究竟在做什麼？」

然而，在這種情況下，光是責備或質問，並不會帶來任何正面效果。

工作遲遲沒有進展，往往是因為不知道該從何下手。舉例來說，假設主管指派部下收集新企劃所需的資料，幾天後工作卻毫無進展，這時不妨試著這樣問：

○提問：「是不是有什麼原因使你卡住了？」

這是在說：**「你的進度停滯了，一定有原因的，對吧？」**

事實上，工作進度不順利，常常是因為不知道「資料保管在哪裡」或「應該找哪個部門討論」。此時，你不需要用下列帶有責備意味的問題來發洩不滿：

×提問：「為什麼還沒做？」

×提問：「這段時間你到底在幹嘛？」

這類質問對於推動進度毫無幫助，你應該透過提問來引導部下行動。**訣竅是：幫助對方踏出第一步，並從具體的問題中發現自己應該採取什麼行動。**

▼「是非題」與「選擇題」

具體提問可分為兩種類型，一種是**「是非題（YES or NO）」**，例如：

○提問：「你知道企劃部的○○對這個主題很熟悉嗎？」

○提問：「要不要先去資料室找完資料，再開始著手進行呢？」

另一種則是**「選擇題（A or B）」**，例如：

○提問：「要不要請前任負責人或課長提供建議？」

○提問：「你想先統整現有資訊，還是先上網查資料？」

善用提問幫助對方察覺如何邁出第一步，就能大幅提升團隊執行力。

5—6 避免別人衝過頭

「看起來進行得很順利，有遇到什麼狀況嗎？」

引導對方察覺當下狀況，避免過於急切地執行。

適用情境　來不及確認，部下或新人便依照自己的理解貿然行動時。

提問範例　「可以和我分享過程嗎？」

「即使之後需要調整方向，應該也不會花太多時間吧？」

▼認同執行力的同時，也要適時給予忠告

有些人執行力強、速度又快，因此備受信賴。他們習慣「先做再說」，不喜歡花時間慢慢確認，總覺得「做錯了再修正就好」，優先完成任務才是最重要的。

然而，光憑自己的理解行動，有可能中途才發現弄錯方向而陷入瓶頸。明明只要先確認一下就能迴避問題，他們卻深信「照上次的做法就沒問題」，堅持用自己的方式做事。到了這個階段，他們更難聽進別人的建議。

身為管理者，都希望下屬或新人能在決策前主動請示上級，**然而「迅速執行派」卻往往將提問視為一種失敗**，甚至覺得丟臉。因此，即便你善意提醒：「有不懂的地方要問喔。」他們也可能一意孤行。

▼看準時機發問

遇到上述情形，提問的訣竅是：先給予認同，再拋出可能存在的問題風險，例如：

○提問：「看起來進行得很順利，有遇到什麼狀況嗎？」

這句話也運用了「確實～但是～」的技巧，完整的語意是：「看起來（確實）進行得很順利，（但是）有遇到什麼狀況嗎？」這種方式能做到**先認同、再引導話題轉向**，透過稱讚與鼓勵，使下屬更容易說出他們遇到的煩惱或問題。

○提問：「我等不及欣賞成果了，可以和我分享過程嗎？」

如此一來，就能避免執行方向錯誤，直到最後一刻才發現的悲劇。有了良好的溝通橋樑後，可以進一步詢問：

○提問：「即使之後需要調整方向，應該也不會花太多時間吧？」

○提問：「對了，如果有什麼特別在意的地方，可以和我分享嗎？」

到了這個階段，他們會更容易接受建議。

如果對方依然堅持己見，該怎麼辦？我建議在直接下令修正方向前，先**透過提問讓他們自行察覺潛在問題**，例如：

○提問：「我可以再多看看整個計劃案的方向嗎？」

○提問：「這個做法太有前瞻性了，其他人會不會跟不上？」

只要掌握好時機發問，就能讓對方意識到自己的盲點。記得釋出「別擔心，有我幫忙看著」的訊息，便能將他們的高速執行力引導至正確的方向。

5—7 遇到壞消息報告及對策商議

「你一定也很累吧？」

給對方一個台階下，但不必期待回應。

適用情境

應對工作上的糾紛報告、抱怨或離職申請。

提問範例

「謝謝你在這個階段來找我商量，我們一起想對策吧？」

「是體力上吃不消，還是心理上也覺得難受？」

▼遇到壞消息報告，先用提問化解緊張

職場上最令人壓力沉重的狀況之一，莫過於不慎得罪客戶，必須向主管報告時。遇到這種難以啟齒的事情，負責人往往越想越焦慮，心情也越發沉重。

作為接收報告的一方，可能也會感到錯愕，忍不住想責備對方。**但與其發火，此時更需要的是冷靜下來，迅速分析現況。**

「你沒有做錯什麼，只是在應對上不小心踩到他的地雷嗎？」、「你可能在○○這點上判斷錯誤，而對方的負責人基於自己的立場，不得不做出這樣的決定，對嗎？」先用這些問題釐清現況，接著說：

○提問：「最近這段時間比較忙，你一定也很累吧？」

○提問：「還好你現在來跟我說，我們邊吃飯邊討論對策吧？」

這樣便能緩和對方的情緒，**給他一個台階下**。

釐清狀況後，適時聊一些與事件無關的話題，使對方放鬆。不必急著催促回應，你的重點不是要對方回答，而是釋出「我已經了解情況，這樣我也比較放心」的訊息。別忘了，提問本身便具有化解緊張的作用。

▼用多重提問作結

在團隊裡可能收到的最大壞消息，大概就是成員提出辭職吧。

詢問離職原因時，對方可能會回答：「我不太適合這份工作。」、「其實我一直有其他想做的事情。」然而，許多時候，真正的辭職原因常與人際關係有關，但因為不好說出口，所以選擇用其他理由帶過。此時，不妨試著用提問來釐清方向：

〇提問：「是覺得這份工作太呆板？還是與人際關係有關？如果你願意，可以直接告訴我喔。」

辭職並非小事，雖然無法確定對方願意談到哪個程度，但一定有某件事讓他痛苦至極，才會做出這個決定。因此，**請以他的心情為重，善用提問慢慢釐清。**

此外，用詞務必謹慎，避免令對方感到不適。如果離職原因牽涉到人際關係帶來的心理壓力或身心狀況，對方不願透露具體症狀或病名，我們也不該妄加揣測。

○提問：「是體力上吃不消，還是心理上也覺得難受？」

○提問：「或許可以先留職停薪，休息一段時間？」

有時，**不妨讓對話停留在提問階段**，引導對方在回顧過程中慢慢察覺問題。請保持不急於知道原因的態度，耐心等待對方調適心境。

5—8 給習慣尋求正確解答的人一句話

「如果有人提出完全相反的意見，你會怎麼回答？」

透過提問，引導習慣說「一定要這麼做」的人反向思考。

適用情境

幫助對方自行發掘工作中的課題。

提問範例

「假設你要反駁自己的觀點，會說什麼呢？」

「你真的只想到這一點嗎？」

▼尋求正確解答，也是內心不安的表現

有些人堅信自己心中的正義。他們喜歡用自己累積的人生經驗來看待世界，認為生活必須遵循一套既定法則。這類人能夠遵守公司或組織的規矩，在旁人眼中，他們像是社會菁英；但是在我看來，他們只是不知靈活變通。

這類人深信著「每件事必有正確做法」，如果詢問他們對於企業導入生成式ＡＩ的看法，他們不是斬釘截鐵地說：「當然好啊！」就是堅決否定：「當然不行！」在新產品的企劃會議上，如果他們發表提案後受到質疑：「有必要做這個嗎？」他們也會篤定回答：「當然，這一定會賣！」難以意識到其他人早已察覺其中潛在的問題。

這種「每件事必有正確做法」的思維模式，往往來自「非這麼做不可」的觀念——不如說，是規範與限制讓他們感到安心。然而，一旦換到一個能夠自由發揮創意的環境，他們就會感到不知所措。失去了可供參考的標準，他們將會無法思考，甚至不知道該如何行動。這些人習慣不斷自問：「怎麼做才不會出錯？」、

「這樣做對嗎？」始終在尋找「正確答案」，因為他們堅信世上一定存有一種最佳做法。

這些人通常具有謹慎、認真的特質，只是因為害怕失敗而傾向保守。如果能適度拓展視野，這份特質將能發揮得更好。面對這類人，你可以**透過反向提問，引導他們重新思考問題的本質。**

▼用提問發掘新視點，引導他人行動

舉例來說，如果有人在「企業導入生成式ＡＩ是好是壞」的議題上斬釘截鐵地說：「當然好啊！」我會刻意反駁：「我反對，要是這麼做，現在的部門就會消失，你難道沒想到嗎？」運用提問來表達反對意見，可以刺激對方深入思考。

另一種方法是故意拋出帶有挑釁意味的言論，例如：「對啊，以ＡＩ為核心的世界可以省掉很多人力，這不是太棒了嗎？」讓對方有機會思考ＡＩ的發展對未來社會的影響，也許他會改口：「不，這樣好像不太好……」進而發現新視角。我們可以**透過這類略帶挑釁的反問，幫助對方整理思緒。**

除此之外，還有一個**不直接表達反對意見，也能讓人察覺新視點的問法：**

○提問：「如果有人提出完全相反的意見，你會怎麼回答？」

這個問法能激發對方的想像力，幫助他發掘新觀點，像是在他的腦中播下想像的種子。

○提問：「你真的只想到這一點嗎？」

○提問：「假設你要反駁自己的觀點，會說什麼呢？」

提問是溝通的強大工具，能幫助我們與別人站在相同陣營、引導別人行動，甚至發掘全新的視野。從今天開始，好好磨練自己的提問力，使人生與人際關係更加豐富吧！

ideaman 184

精準提問的關鍵技巧 溝通、談判與AI時代最強溝通術

原著書名——頭のいい人は「質問」で差をつける
原出版社——株式会社大和書房
作者——樋口裕一
譯者——韓宛庭
企劃選書——劉枚瑛　　版權——吳亭儀、江欣瑜、游晨瑋
責任編輯——劉枚瑛　　行銷業務——周佑潔、賴玉嵐、林詩富、吳藝佳、吳淑華

總編輯——何宜珍
總經理——賈俊國
事業群總經理——黃淑貞
發行人——何飛鵬
法律顧問——元禾法律事務所 王子文律師
出版——商周出版
115台北市南港區昆陽街16號4樓
電話：(02) 2500-7008　傳真：(02) 2500-7759
E-mail：bwp.service@cite.com.tw　Blog：http://bwp25007008.pixnet.net./blog
發行——英屬蓋曼群島商家庭傳媒股份有限公司城邦分公司
115台北市南港區昆陽街16號8樓
書虫客服專線：(02) 2500-7718、(02) 2500-7719
服務時間：週一至週五上午09:30-12:00；下午13:30-17:00
24小時傳真專線：(02) 2500-1990；(02) 2500-1991
劃撥帳號：19863813　戶名：書虫股份有限公司
讀者服務信箱：service@readingclub.com.tw　城邦讀書花園：www.cite.com.tw
香港發行所——城邦（香港）出版集團有限公司
香港九龍土瓜灣土瓜灣道86號順聯工業大廈6樓A室
電話：(852) 25086231　傳真：(852) 25789337
E-mailL：hkcite@biznetvigator.com
馬新發行所——城邦（馬新）出版集團 Cité (M) Sdn Bhd
41, Jalan Radin Anum, Bandar Baru Sri Petaling,
57000 Kuala Lumpur, Malaysia.
電話：(603) 90563833　傳真：(603) 90576622　E-mail：services@cite.my

美術設計——copy
內頁編排——浩瀚電腦排版股份有限公司
印刷——卡樂彩色製版有限公司
經銷商——聯合發行股份有限公司 電話：(02) 2917-8022　傳真：(02) 2911-0053

2025年8月5日初版
定價430元　Printed in Taiwan　
城邦讀書花園 www.cite.com.tw
ISBN 978-626-390-544-3
ISBN 978-626-390-543-6 (EPUB)

線上版讀者回函卡

國家圖書館出版品預行編目（CIP）資料

精準提問的關鍵技巧 / 樋口裕一著；韓宛庭譯. -- 初版. -- 臺北市：商周出版：
英屬蓋曼群島商家庭傳媒股份有限公司城邦分公司發行, 2025.08　232面；14.8×21公分. --
(ideaman；184)　譯自：頭のいい人は「質問」で差をつける　ISBN 978-626-390-544-3（平裝）
1.CST：溝通技巧　2.CST：說話藝術　177.1　114006021